Die große Kinderbibel

Nacherzählt
von Josef Carl Grund

Inhalt

Geschichten aus dem Alten Testament

Geschichten aus dem Neuen Testament

Geschichten aus dem Alten Testament

Wie Gott der Herr die Welt erschuf

Die sieben Tage der Schöpfung

Am Anfang schuf Gott den Himmel und die Erde und sprach: „Es werde Licht."

Am zweiten Tag sammelte er das Wasser am Himmel in kleinen weißen Wölkchen und in schweren grauen Regenwolken. Am dritten Tag ließ er Wasser auf der Erde zusammenströmen und teilte es in Quellen und Bäche, Flüsse und Ströme, Seen und Meere. Dann ließ er viele Pflanzen sprießen.

Am vierten Tag schuf Gott der Herr die Sonne, den Mond und die Sterne. Im Sonnenlicht und in der Wärme gediehen die Pflanzen zu üppiger Pracht.

Am fünften Tag schuf Gott der Herr die Tiere im Wasser und in der Luft. Am sechsten Tag schuf er alle Tiere, die in und auf der Erde leben. Nun war überall auf der Erde Leben: im Wasser, in der Luft und auf dem Land. Gott der Herr sah, dass alles gut war, und freute sich daran. Und er sprach zu sich selbst: „Nun will ich den Menschen erschaffen."

Er schuf die ersten Menschen als Mann und Frau. Er segnete sie und sprach: „Euch und euren Kindern schenke ich die Erde mit den Fischen des Wassers, den Vögeln des Himmels und den Pflanzen und Tieren auf dem Land. Verwaltet sie gut."

Den siebten Tag bestimmte Gott zum Tag der Ruhe.

Die ersten Menschen

Das Paradies

Die ersten Menschen hießen Adam und Eva. Sie wohnten im Garten Eden, den Gott der Herr für sie erschaffen hatte. Es war ein wunderschöner Garten mit fruchttragenden Bäumen und Sträuchern darin, mit vielen Tieren und kristallklarem Wasser. Adam und Eva nannten ihn „das Paradies".
Gott der Herr sprach zu ihnen: „Von allen Bäumen dürft ihr essen. Nur von dem Baum, der in der Mitte des Gartens steht, esset nicht. Wenn ihr von seinen Früchten esst, müsst ihr sterben."
Adam und Eva lebten glücklich im Paradies. In die Nähe des verbotenen Baumes gingen sie nicht.
Doch da war die Schlange. Sie war listiger als alle anderen Tiere und wollte die Menschen verderben.
Eines Tages, als Eva Blumen pflückte, sagte die Schlange zu ihr: „Warum meidet ihr den Baum, der die herrlichsten Äpfel trägt?"
„Gott der Herr hat uns verboten, von den Früchten dieses Baumes zu essen", antwortete Eva. „Wenn wir davon essen, müssen wir sterben."
„Aber nein", sagte die Schlange. „Wenn ihr davon esst, werdet ihr wie Gott sein und wissen, was gut und böse ist."
Eva glaubte der Schlange und wollte ebenso weise sein wie Gott der Herr. Sie lief zu dem Baum in der Mitte des Gartens, pflückte einen Apfel und aß davon. Die Frucht schmeckte köstlich.
Eva rief Adam, und auch er aß von dem Apfel.
Da erkannten sie, dass sie nackt waren, schämten sich und verbargen sich hinter Gebüsch.

Gott rief nach ihnen und fragte, warum sie sich versteckten. „Wir schämen uns vor dir, weil wir nackt sind", antwortete Adam.

„Wenn ihr wisst, dass ihr nackt seid, habt ihr von dem verbotenen Baum gegessen", zürnte der Herr.

„Die Schlange hat mich verführt", sagte Eva.

Gott der Herr verwünschte die Schlange; und zu Adam und Eva sagte er: „Weil ihr mir nicht gehorcht habt, verbanne ich euch aus dem Paradies. Mühselig und mit harter Arbeit sollt ihr euer Leben verbringen, bis der Tod euch von der Erde nimmt."

Er gab ihnen Kleider aus Fellen und wies sie aus dem Paradies hinaus.

Vor den Eingang des Gartens stellte er einen Engel mit flammendem Schwert.

Kain und Abel

Adam und Eva, berichtet die Bibel, wurden die Ureltern aller Menschen.
Zuerst bekamen sie zwei Söhne. Sie nannten sie Kain und Abel. Kain wurde Ackerbauer, Abel ein Schäfer.
Eines Tages bauten sie Altäre aus Steinen und opferten Gott dem Herrn. Der Rauch von Abels Opfer stieg zum Himmel hinauf, Kains Opferrauch kroch auf der Erde entlang.
Gott liebt meinen Bruder mehr als mich, dachte Kain, und Hass kam über ihn. Er warf Abel zu Boden und schlug ihn tot.
Da hörte er die Stimme des Herrn: „Kain, wo ist dein Bruder?“
„Wie soll ich das wissen?“, antwortete Kain trotzig.
„Ich bewache ihn nicht.“
„Abels Blut schreit zu mir empor!“, rief der Herr.
„Zur Strafe für diesen Mord sollst du keine Ruhe finden auf Erden, bis der Tod dich erlöst!“
Kain floh, ohne Vater Adam und Mutter Eva Lebewohl zu sagen.

Noah und die Arche

Die Raufbolde

Adam und Eva bekamen noch viele Kinder, und die Menschen vermehrten sich auf der Erde. Sie konnten mit Gott dem Herrn reden. Er sprach zu ihnen, und sie verstanden, was er sagte. Doch dann mehrten sich die Stimmen, die fragten: „Wozu brauchen wir einen Herrgott? Wir machen doch alles selbst! Wir säen Korn, ernten die Früchte und bauen Häuser. Wir plagen uns ab, und er verlangt von uns, dass wir ihm gehorchen sollen. Das ist ungerecht. Was tut er schon?"

Der alte Noah und seine Familie waren anderer Meinung. „Versündigt euch nicht", mahnte Noah die Unzufriedenen. „Was wäre die Saat ohne den Segen des Herrn? Wo wären die Früchte ohne seine Sonne, seinen Regen, seinen Wind und seine Bienen, die die Blüten bestäuben? Wo wären unsere Häuser, wenn der Herr sie nicht vor Sturm und Blitz beschützte? Wo wären wir und unsere Kinder, wenn er uns nicht alle vor Unheil behütete?"

Die Unzufriedenen ließen sich dadurch nicht zum Schweigen bringen. Je länger sie redeten, desto mehr predigte Noah tauben Ohren. Bald hörten sie nur noch ihre eigenen Stimmen und Gottes Stimme nicht mehr.

Die Starken unter den Unzufriedenen sagten zueinander: „Warum arbeiten wir mit unseren eigenen Händen? Lassen wir doch jene für uns schuften, die schwächer sind als wir!"

Der Wortführer der Schwachen sagte zu den Schwachen: „Wenn die Starken uns zwingen wollen, für sie zu arbeiten, müssen wir uns wehren. Wenn wir alle zusammenhalten, sind auch wir stark!“

Noah predigte weiterhin von Gott dem Herrn, dessen Stimme er vernahm, weil er nicht auf die Hetze hörte.

Im Namen Gottes bat er alle, friedlich miteinander zu leben.

„So ein Unsinn!“, höhnten die Starken.

„So etwas Dummes!“, spotteten die Schwachen.

Die Starken schlugen auf die Schwächeren ein, die Schwachen schlugen zurück. Es gab Mord und Totschlag, Raub und Quälerei.

Es starben Frauen, Männer, Kinder und Vieh.

Häuser und Hütten verbrannten, Wälder gingen in Flammen auf. Die Menschen wüteten wie wilde Tiere. Sie nannten es Krieg.

Da reute es Gott den Herrn, dass er diese Raufbolde erschaffen hatte. Er beschloss, alles zu vernichten, was auf Erden lebte, damit wieder Frieden werde.

Zu Noah sagte er: „Baue ein gewaltiges Schiff aus dem Holz der Zypressen. Es soll drei Stockwerke und viele Kammern haben. Dichte es mit Pech ab und schließe es oben mit einem schrägen Dach, von dem das Wasser, das vom Himmel kommt, ablaufen kann. Ich werde eine gewaltige Flut über die Erde bringen und alles, was atmet, verderben. Dich und deine Familie will ich retten, dazu von allen Tieren ein Paar.

Nimm, wenn es so weit ist, von den Tieren der Erde je ein Männchen und ein Weibchen in das große Schiff, damit sie am Leben bleiben und sich vermehren; dazu einen Vorrat an Essen und Futter. Beeile dich!“

Noah und seine Söhne begannen mit dem Bau des riesigen Schiffes. Vater Noah nannte es „die Arche“.

Das Schiff auf dem Trockenen

Noah, seine Söhne und die Frauen arbeiteten vom frühen Morgen bis in den späten Abend hinein.
Die Männer fällten mächtige Bäume und schlugen die Stämme zu festen Balken und dicken Brettern zurecht. Die Frauen trugen Korn und Früchte zusammen, dörrten Fleisch und füllten Milch und Honig in Krüge. Dies sollte die Nahrung der Menschen sein. Für die Tiere sammelten sie große Mengen Futter.
Bei den anderen Leuten sprach sich rasch herum, dass der alte Noah und seine Familie verrückt geworden seien. Männer, Frauen und Kinder liefen heran, guckten zu, tippten sich an die Stirn, grinsten, lachten und spotteten.
Da bauten diese Narren auf dem größten Hügel des Landes ein riesiges Schiff zusammen. Ein Schiff auf dem Trockenen! Wo es weit und breit keinen See gab, in dem das Ungetüm Platz gehabt hätte!
Und Noahs Weib und die Frauen seiner Söhne schleppten Vorräte an, als ob sie bis ans Ende der Welt reisen wollten!
Diese Verrückten!
Diese Narren!
Diese Spinner!
Ein bisschen seltsam kam einigen vor, wie geschickt Noah, Sem, Ham und Jafet das Riesenschiff zusammenbauten.
Wo hatten die das bloß gelernt?
Die Gaffer ahnten nicht, dass Gott der Herr dem Noah zeigte, was er und seine Söhne tun mussten. Die Spötter sahen den Herrn nicht mehr und hörten auch nicht seine Stimme.
Noah und die Seinen sahen ihn und taten, was er ihnen sagte.
Auf den Spott der anderen hörten sie nicht.
Die Arche wuchs, die Vorräte häuften sich davor.
Immer lauter höhnten die Gaffer.
Noah und seine Söhne hatten ein großes Tor in die Schiffswand gebaut; so groß, dass ein Elefant durchspazieren konnte!

Dafür gab es in dem ganzen Kasten nur wenige kleine Fenster mit dicken Holzläden davor. Und wozu brauchten die Narren drei Stockwerke mit so vielen Kammern darin?
Jetzt schleppten sie Kübel mit Pech heran.
Na, so was!
Alle Fugen und Ritzen des Riesenkastens verstrichen sie mit dem Pech, außen und innen.
Dann schafften sie die Vorräte hinein.
„Gute Reise!", riefen die Spötter. „Und gebt Acht, dass ihr im Gras nicht ertrinkt!"
In das schallende Gelächter schrie eine entsetzte Stimme: „Rettet euch, Leute! Da kommen die Tiere!"

Die Tiere kommen

Selbst Noah staunte.
Die Frauen und die Söhne rissen Mund und Augen auf.
Schreiend liefen die Gaffer und Spötter auseinander.
Es war aber auch zum Fürchten.
Eine gewaltige Herde von Tieren stapfte und tappte, huschte und kroch, flog und flatterte heran. Es brüllte und grunzte, fauchte und gackerte, zischte und zwitscherte, wieherte und schnatterte, meckerte, quakte, bellte und heulte und quiekte und pfiff.
Sie kamen in langer Reihe, immer ein Männchen und ein Weibchen nebeneinander.
Löwen, Tiger, Pferde und Affen,
Bären, Ziegen, Schweine und Rinder,
Hasen, Krokodile, Giraffen und Hunde,
Heuschrecken, Ameisen, Kamele und Schafe, Vögel aller Arten,
Schmetterlinge, Hummeln und Bienen,
Frösche, Kröten, Igel und Schlangen,
von allen Tieren ein Paar.
Und keines bedrohte das andere:
der Löwe das Zebra nicht,
die Katze nicht die Maus,
der Igel nicht Würmer und Käfer ...
In schönster Ordnung bewegte sich der Zug auf das Tor in der Arche zu.
Noah hörte die Stimme des Herrn: „Ich habe die Tiere ausgesucht und die Herde zusammengestellt. Du, Noah, hättest zu viele vergessen. Ich werde dir auch helfen, Plätze für alle zu finden."
Als die Gaffer merkten, dass die Tiere friedlich waren, kamen sie zur Arche zurück. Staunend sahen sie, wie die Herde im Kasten verschwand.

Noch einmal zeigten sich Noah, seine Söhne, Naamah und die Frauen der Söhne im großen Tor. Sie hoben die Arme zum Himmel, als ob sie jemandem nachwinkten. Dann schlug die Tür zu.
Als nichts weiter geschah, verliefen sich die Neugierigen. Jetzt spotteten sie noch ärger über Noah, der mit seiner Familie und einer Menge von Tieren beim allerschönsten Sonnenschein in einem finsteren Kasten hockte.
So ein Narr!

Die große Flut

Auf Befehl des Herrn hatte Noah das Tor und die Fenster geschlossen. Trotzdem war es in der Arche nicht finster. In allen Kammern war mildes Licht.
Am Morgen des siebten Tages schickte Gott der Herr die große Flut, wie er es Noah gesagt hatte.
Wasserströme quollen aus dem Boden und rauschten vom Himmel herunter. Bäche, Flüsse und Seen traten über ihre Ufer und überschwemmten das Land.
Furchtbare Gewitter ließen die Erde beben.
In schrecklicher Angst liefen Menschen und Tiere aus Häusern, Hütten, Ställen, Höhlen und Gängen. Da war niemand mehr, der jetzt noch gespottet hätte.
Unheimlich rasch stieg das Wasser an. Es begrub Gärten und Felder, Dörfer und Städte.
Menschen und Tiere flüchteten auf Hügel und Berge, aber auch hierher folgte ihnen die Flut.
Einige rannten zu Noahs Schiff. Doch als sie bis auf wenige Schritte herangekommen waren, überschwemmte das Wasser den Hügel und trieb die Arche davon.
Unbarmherzige Kämpfe um die letzten trockenen Plätze auf den Berggipfeln entbrannten zwischen Menschen und Tieren, Starken und Schwachen. Und die wildesten Krieger hatten oft die größte Angst.
Kämpfe gab es auch um treibende Bretter, Balken und Baumstämme. Niemand siegte dabei. Nach einigen Tagen und Nächten gingen selbst die Allerstärksten unter.
Und weiterhin prasselte der Regen nieder, weiterhin spie der Erdboden Wasser aus, das in der Tiefe geruht hatte.
Vierzig Tage und Nächte lang.
Bis auch die höchsten Bergspitzen in der großen Flut versanken.
Noahs Arche hielt stand. Sie trotzte den stärksten Sturmstößen und überwand die gefährlichsten Wogen.

Noah, sein Weib, seine Söhne und deren Frauen
hatten viel zu tun. Wenn die Arche so gefährlich schwankte, dass sie umzukippen drohte, mussten sie die verängstigten Tiere beruhigen.
Dabei hatten sie selbst große Furcht.
Dann mussten sie die Tiere füttern und den Weibchen helfen, die unterwegs Junge bekamen.
Alle atmeten erleichtert auf, als Sturm und Regen nach vierzig Tagen und Nächten aufhörten.
Zwar sank das Wasser noch lange nicht, aber die Arche glitt jetzt ruhig dahin.

Der Rabe und die Taube

Nach hundertfünfzig Tagen schickte Gott der Herr trockenen Wind über die Erde, und das Wasser begann zu sinken. Die Arche stieß auf festen Boden und schwamm nicht weiter. Sie stand auf dem Gipfel des Ararat. Das ist ein mächtiger Berg im Morgenland (also dort, wo am Morgen die Sonne aufgeht). Das Wasser sank tiefer und tiefer. Immer mehr Bergspitzen ragten aus der Flut heraus.
Nach vierzig Tagen öffnete Noah ein Fenster der Arche und ließ einen Raben fliegen.
Der Rabe stieg hoch in die Luft und schoss dann krächzend davon. Mit seinen scharfen Augen hatte er in weiter Ferne etwas Dunkles auf einer anderen Bergspitze entdeckt. Es war der leblose Körper eines Büffels, den das Wasser angetrieben hatte. Weil Raben Aasfresser sind, war das ertrunkene Tier dem Raben des Noah willkommene Beute. Sie reichte für lange Zeit.

Der Rabe blieb auf der Bergspitze. Auf seine Botschaft warteten die Menschen in der Arche vergebens.
Nach sieben Tagen ließ Noah eine Taube fliegen. Sie stieg hoch in die Luft und zog weite Kreise.

Doch noch waren alle Wälder, Gärten und Wiesen auf der Erde überschwemmt. Vergebens spähte die Taube nach einem Baum, auf dem sie ihr Nest bauen konnte. Sie entdeckte kein einziges Fleckchen Grün. Die kahlen Felsgipfel der hohen Berge sagten ihr nicht zu.
Da kehrte sie in die Arche zurück.
Nach weiteren sieben Tagen sandte Noah die Taube zum zweiten Mal aus.
Als sie am Abend wiederkam, trug sie den Zweig eines Ölbaums im Schnabel. An dem Ästchen waren frische, grüne Blätter.
Da wusste Noah, dass sich die Wasser der großen Flut verlaufen hatten. Weil er aber ein vorsichtiger Mann war, ließ er die Taube zum dritten Mal fliegen.
Jetzt kam sie nicht mehr zurück.
Die Erde war trocken geworden.
Gott der Herr sprach zu Noah: „Verlasse die Arche mit deinem Weib, deinen Söhnen, ihren Frauen und allen Tieren, die bei dir sind. Ich schenke euch und euren Nachkommen die neue Erde. Geht in Frieden."
Da ging Noah mit seinen Söhnen, seinem Weib Naamah und den Frauen seiner Söhne aus der Arche hinaus, und alle Tiere folgten ihnen.
Die Jungen, die in der Arche zur Welt gekommen waren, sprangen fröhlich um ihre Mütter herum: das Kälbchen um die Kuh, das Fohlen um die Stute, die Ferkelchen um das Mutterschwein, die Küken um das Huhn ...
Noah baute einen Altar aus Steinen und brachte dem Herrn ein Dankopfer dar.

Der Regenbogen

Gott der Herr freute sich am jubelnden Dank der glücklichen Menschen.
Er sprach zu ihnen: „Es soll Friede zwischen mir und euch sein. Nie mehr werde ich die Erde um der Menschen willen verderben. Nicht aufhören sollen Aussaat und Ernte, Kälte und Hitze, Sommer und Winter, Tag und Nacht.“
Dann segnete er Noah, Naamah, Sem, Ham, Jafet und ihre Frauen und sagte: „Zum Zeichen des Friedens zwischen mir und euch setze ich einen Bogen in die Wolken. Sooft ihr ihn leuchten seht, sollt ihr wissen, dass ich euch gnädig bin.“
Und Gott der Herr ließ den Regenbogen zum ersten Mal in himmlischen Farben erstrahlen ...
Noah sah ihn noch viele Male, denn er starb erst in sehr, sehr hohem Alter. Das berichtet die Bibel.
Noahs Söhne und ihre Frauen, erzählt sie weiter, bekamen Kinder und Enkel. Diese zerstreuten sich über die Erde und wurden die Stammeltern aller Völker ...
Und noch heute leuchtet der Bogen des Herrn nach Regen und Sturm in den Strahlen der Sonne.

Josef und seine Brüder

Josefs Träume

Lange Zeit nach der großen Flut lebte im Lande Kanaan ein gottesfürchtiger Mann namens Jakob. Gott der Herr verlieh ihm den Ehrennamen „Israel“, das bedeutet „Streiter Gottes“. Jakob hatte zwölf Söhne. Der älteste hieß Ruben, die beiden jüngsten hießen Josef und Benjamin.
Josef war Jakobs Lieblingssohn. Der Vater schenkte ihm hübsche Kleider und befreite ihn von schwerer Arbeit.
Das kränkte die Brüder, und sie beneideten Josef.
Eines Tages erzählte er ihnen, was er geträumt hatte: „Wir banden Getreidegarben auf dem Feld“, sagte er. „Meine Garbe stand ganz aufgerichtet. Eure Garben verneigten sich vor ihr.“
„Willst du damit sagen, dass du eines Tages unser Herr sein wirst und wir dir gehorchen müssen?!“, fuhren ihn die Brüder an. Jetzt hassten sie ihn.
Josef merkte es nicht. Nach einiger Zeit erzählte er ihnen ein zweites Traumgesicht: „Mir träumte, dass sich die Sonne, der Mond und elf Sterne vor mir verbeugten.“
Die Brüder wurden sehr zornig und erzählten es dem Vater.
Da tadelte auch Jakob den Träumer: „Wenn du mit der Sonne mich meinst, mit dem Mond deine Mutter und mit den Sternen deine Brüder, dann war es ein böser Traum“, sagte er verärgert. „Warum sollten wir vor dir niederfallen? Rede künftig keinen solchen Unsinn mehr!“
Trotz dieses Tadels bevorzugte er Josef weiterhin, und der Hass der Brüder wuchs.

Josef wird verkauft

Josefs Brüder weideten die Rinder-, Schaf- und Ziegenherden ihres Vaters. Josef half dem Vater zu Hause.
Eines Tages sagte Jakob zu Josef: „Geh hinaus zu deinen Brüdern und sieh nach, ob bei den Herden alles in Ordnung ist!“
Josef ging.
Als die Brüder ihn kommen sahen, beschlossen einige, ihn zu töten.
Ruben, der älteste Bruder, sprach dagegen. Er hatte Mitleid mit Josef. „Vergießt sein Blut nicht“, sagte er. „Brudermord ist eines der schlimmsten Verbrechen.“
Er wies auf einen ausgetrockneten Brunnen in der Nähe. „Werft ihn dort hinein, das ist Strafe genug für seinen Hochmut.“
Im Stillen nahm er sich vor, Josef aus dem Brunnen zu retten und zum Vater zurückzubringen.
Als Josef zu den Brüdern kam, rissen sie ihm das teure Gewand vom Körper und warfen ihn in den Brunnen.
Ruben ging zur Herde zurück. Die anderen setzten sich zusammen, um zu essen.
Da kamen Händler mit schwer bepackten Kamelen vorbei. Sie waren nach Ägypten unterwegs, um dort Gewürze, Weihrauch und Teppiche zu verkaufen.

Bruder Juda sagte zu den anderen: „Bieten wir Josef doch den Händlern an, statt ihn im Brunnen sterben zu lassen. Dann sind wir nicht schuld an seinem Tod und bekommen auch noch Geld für ihn. Josef ist siebzehn Jahre alt und kräftig. Er wird ein guter Sklave sein."

Die anderen Brüder waren einverstanden.

Sie zogen Josef aus dem Brunnen und verschacherten ihn für zwanzig Silberstücke an die Händler.

Als Ruben zurückkam, um Josef zu retten, fand er den Brunnen leer. „Wo ist Josef?", schrie er die anderen an.

„Hab dich nicht so", murrte Juda. „Wir haben ihn als Sklaven verkauft. Wenn er richtig arbeiten lernt, wird es ihm in Ägypten nicht schlecht gehen."

Ruben zerriss vor Kummer seine Kleider und stöhnte:

„Wie soll ich das unserem Vater sagen?"

Die anderen schlachteten einen Ziegenbock, zerrissen Josefs Gewand und tauchten es in das Blut des Tieres.

Sie brachten den Rock Vater Jakob, und Juda fragte:

„Ist das nicht Josefs Gewand? Wir fanden es auf dem Heimweg."

Jakob schlug die Hände vor das Gesicht.

„Josef!", stöhnte er verzweifelt. „Ein wildes Tier hat ihn angefallen und ..."

Er sprach nicht weiter. Lautloses Schluchzen schüttelte ihn.

Die Söhne Levi und Simeon versuchten, ihn zu trösten.

Er wies sie zurück.

Ruben stand abseits.

Er biss die Zähne zusammen, ballte die Fäuste und schämte sich.

Josef im Kerker

Die Händler brachten Josef nach Ägypten.
Dort verkauften sie ihn an Potiphar, den Befehlshaber der königlichen Leibwache.
Gott der Herr beschützte Josef in allem, was er tat.
Potiphar war mit seinem neuen Sklaven sehr zufrieden. Schon bald machte er ihn zum Verwalter seiner Güter.
Gar nicht zufrieden war Potiphars Frau.
Sie hasste Josef, weil er ihr nicht schmeichelte und sie nicht so anhimmelte, wie sie es wollte.
Tief gekränkt beschwerte sie sich eines Tages bei ihrem Gemahl.
„Der Sklave Josef beleidigt mich seit langer Zeit!“, rief sie aufgeregt. „Jetzt reicht es mir! Schaff mir den Kerl aus den Augen!“
Potiphar glaubte seiner Frau, denn sie war schön, und er liebte sie sehr. Er stellte keine Fragen und ließ Josef in den Kerker werfen.
Doch auch da beschützte Gott der Herr den Sohn des Jakob.
Josef gewann die Freundschaft des Kerkermeisters.
Eines Tages wurde der Mundschenk des Pharao (so nannten die Ägypter ihren König) in den Kerker geworfen. Ein neidischer Hofbeamter hatte Lügen über ihn erzählt. Der Pharao glaubte sie, und der Mundschenk sah sich schon zum Tode verurteilt. In der zweiten Nacht seiner Gefangenschaft träumte er Seltsames.

Er erzählte den Traum seinen Mitgefangen, doch keiner konnte ihn deuten.
Da kam Josef. Er brachte das Essen. Der Mundschenk erzählte auch ihm seinen Traum: „Ich träumte von einem Weinstock, an dem drei Äste waren. Sie grünten und blühten, und ihre Trauben wurden reif. Ich pflückte sie, drückte ihren Saft in einen Becher und reichte diesen dem Pharao."
„Nicht ich deute deinen Traum", sagte Josef, „Gott der Herr deutet ihn durch mich. Die drei Äste bedeuten drei Tage. In drei Tagen wird dich der Pharao begnadigen. Du wirst ihm den Becher reichen wie früher."
„Wenn das wahr wird, werde ich dir einen ganz großen Wunsch erfüllen", versprach der Mundschenk.
„Denk an mich, wenn du frei bist", bat Josef. „Sprich für mich beim Pharao; denn auch ich bin unschuldig gefangen."
Der Mundschenk versprach es.
Was Josef prophezeit hatte, geschah. Nach drei Tagen ließ der Pharao den Mundschenk aus dem Kerker holen und setzte ihn wieder in sein Amt ein.
Der Begnadigte war überglücklich. Er feierte mit Verwandten und Freunden.
Den Sklaven Josef vergaß er.

Die Träume des Pharao

Zwei Jahre vergingen, und Josef war noch immer gefangen. Obwohl ihn der Kerkermeister besser behandelte als die anderen Gefangenen, war es schlimm. Josef fühlte sich nicht nur von dem undankbaren Mundschenk vergessen, sondern auch von Gott dem Herrn ...
Da träumte der Pharao Sonderbares. Er sah sieben fette Kühe aus dem Nil steigen und am Ufer des Stromes grasen. Dann stiegen sieben magere Rinder aus dem Wasser. Sie stürzten sich auf die fetten Kühe und fraßen sie auf. Darüber erschrak der Pharao so sehr, dass er erwachte.
Als er wieder einschlief, träumte er abermals Sonderbares. Er sah einen Halm, der sieben pralle Weizenähren trug. Dahinter wuchsen sieben Halme mit dürren, verschrumpelten Ähren. Die dürren Halme umschlangen die vollen Ähren und verschluckten sie.
Am Morgen erwachte der Pharao verwirrt. Er ließ Ägyptens berühmteste Traumdeuter kommen und erzählte ihnen, was er geträumt hatte.
Sie rieten hin und her, doch keiner wusste Rat.
Da erinnerte sich der Mundschenk an Josef. Er erzählte dem Pharao von dem eingekerkerten Sklaven, der Träume zu deuten verstand.
Der Pharao ließ Josef holen und erzählte ihm, was er geträumt hatte.
Josef verneigte sich. „Nicht ich, Pharao, deute deine Träume", sagte er bescheiden. „Gott der Herr, der sie dir gesandt hat, deutet sie dir durch mich."
„Wer sie deutet, ist mir gleich", brummte der Pharao. „Sag, was du weißt!"
„Beide Träume gehören zusammen", erklärte Josef.
„Die sieben fetten Kühe und die sieben prallen Ähren bedeuten sieben fruchtbare Jahre. Die sieben mageren Rinder und die sieben dürren Ähren zeigen sieben Jahre des Hungers an,

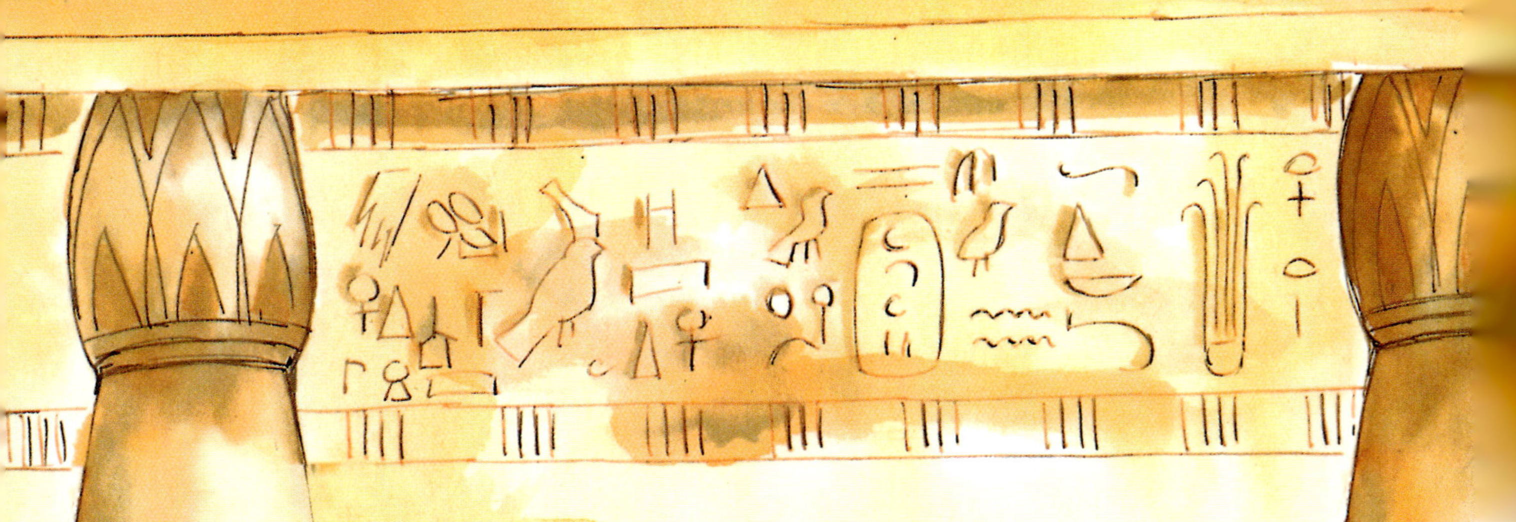

in denen das Vieh kaum Futter findet und die Frucht auf den Feldern verdorrt. – Mit diesen Träumen, Pharao, verkündet dir Gott der Herr sieben Jahre des Überflusses, denen sieben Hungerjahre folgen werden."

„Das ist wohl die richtige Deutung", sagte der Pharao. „Was rätst du mir?"

„Lass in den sieben fetten Jahren Vorräte für die sieben mageren Jahre anlegen", sagte Josef. „Lass Getreidespeicher und Lagerhäuser bauen und bewachen. Übertrage einem klugen und ehrlichen Mann die Aufsicht. Dann wird dein Volk die schlimme Zeit überleben."

„Das ist ein weiser Rat", lobte der Pharao. „Wer könnte besser als du geeignet sein, das Anlegen der Vorräte zu überwachen?"

Er steckte Josef einen königlichen Siegelring an den Finger und hängte ihm eine goldene Kette um. Das bedeutete, dass alle Ägypter Josefs Befehlen gehorchen mussten.

Als vornehmer Herr reiste Josef durch das Land und ließ Vorräte in Speicher und Lagerhäuser schaffen.

Als die sieben mageren Jahre kamen, fiel Hunger auf alle Länder rund um Ägypten. Nur die Ägypter litten keine Not. Josef ließ die Speicher und Lagerhäuser öffnen und die Vorräte gerecht verteilen.

Josefs Brüder kommen nach Ägypten

Hungersnot kam auch über das Land Kanaan, in dem Josefs Vater und Brüder mit ihren Familien wohnten. Als Vater Jakob hörte, dass in Ägypten Getreide verkauft werde, sprach er zu seinen Söhnen: „Zieht ins Ägypterland und kauft Weizen ein, damit wir am Leben bleiben."

Zehn der Brüder zäumten ihre Kamele und Maultiere und machten sich auf den Weg. Benjamin, der jüngste Bruder, blieb zu Hause. Vater Jakob hatte es so gewollt.
In Ägypten meldeten sich die Brüder bei dem höchsten Beamten, der die Verteilung und den Verkauf des Getreides überwachte. Dieser Beamte war Josef. Er trug die Kleider eines Vornehmen und kostbaren Schmuck. Seine Brüder erkannten ihn nicht. Sie verneigten sich vor ihm und baten ihn, Weizen kaufen zu dürfen.
Josef erkannte sie sofort, doch ließ er es sich nicht anmerken. „Woher kommt ihr?", fragte er streng.
Ruben, der älteste Bruder, antwortete: „Wir kommen aus Kanaan. Dort ist Hunger im ganzen Land. Hilf uns, Herr, aus unserer Not!"
„Ich glaube euch nicht", sagte Josef. „Ihr seid feindliche Kundschafter, die sich in Ägypten umsehen wollen. Wenn ihr genug gesehen habt, werdet ihr eurem König sagen, wo er uns am leichtesten überfallen und vernichten kann! Ich lasse euch vor Gericht stellen und verurteilen!"
Da warfen sie sich vor ihm nieder und schworen, keine Kundschafter zu sein. „Wir sind zwölf Brüder", sagte Ruben. „Der jüngste ist bei unserem Vater geblieben. Einer ist verschollen."
„Ich werde feststellen, ob ihr die Wahrheit gesprochen habt", sagte Josef. „Einen von euch behalte ich als Geisel im Gefängnis. Ihr anderen kauft Getreide und bringt es nach Kanaan. Wenn ihr dann mit eurem jüngsten Bruder zu mir zurückkehrt, will ich euch glauben und den Gefangenen freigeben."

„Das ist die Strafe dafür, dass wir Josef verkauft haben“, flüsterte Simeon den Brüdern zu.
Josef hörte es. Er biss die Zähne zusammen, um sein Mitleid zu verbergen. Doch wollte er seine Brüder weiterhin auf die Probe stellen und sich überzeugen, dass sie bessere Menschen geworden waren.
Er ließ Simeon festnehmen und ins Gefängnis abführen. Dann befahl er, die Maultiere und Kamele der anderen mit prall gefüllten Getreidesäcken zu beladen.
Erleichtert und betrübt zugleich kehrten die neun Brüder nach Kanaan zurück.
Doch wie staunten sie zu Hause, als sie die Getreidesäcke öffneten! In jedem Sack lag das Geld, das sie für den Weizen bezahlt hatten.
„In der nächsten Zeit werden wir nicht hungern“, sagte Vater Jakob, „doch freuen kann ich mich nicht. Simeon ist gefangen, und Benjamin möchte ich nicht auf die gefährliche Reise schicken. Er ist mein Jüngster und dem armen Josef ähnlich. Ich will nicht auch ihn verlieren.“

Josef gibt sich zu erkennen

Die Hungersnot in Kanaan dauerte an, die Vorräte gingen zu Ende. Vater Jakob befahl seinen Söhnen, noch einmal nach Ägypten zu reisen und Getreide zu kaufen.
„Der ägyptische Herr will Benjamin sehen“, sagte Juda. „Ohne Benjamin gibt es keinen Weizen, und Simeon muss weiterhin im Kerker schmachten.“
Schweren Herzens willigte Jakob ein. „So geht denn mit Benjamin“, sagte er, segnete die Söhne und gab ihnen reiche Geschenke für den vornehmen Ägypter mit. Ihr Geld, das sie beim Getreide wiedergefunden hatten, sollten sie zurückgeben. Vater Jakob meinte, dass es nur durch ein Versehen in die Säcke gekommen sei.
Er winkte den Söhnen nach, bis sie seinen Blicken entschwanden ...
Die Reise war beschwerlich, doch die Brüder kamen wohlbehalten in Ägypten an.
Boten meldeten Josef, dass die Männer aus Kanaan wiedergekommen seien.
„Wie viele sind es?“, fragte Josef.
„Zehn, Herr“, antworteten die Boten.
Da wusste Josef, dass Benjamin dabei war. Er ließ eine große Tafel mit köstlichen Speisen und Getränken vorbereiten.
Als die Brüder vor ihn traten und sich verneigten, empfing er sie freundlich. Sie stellten ihm Benjamin vor. Josef strich ihm über den Kopf. Nur mühsam unterdrückte er seine Rührung.
„Geht es eurem Vater gut?“, erkundigte er sich.
„Ja, Herr“, antwortete Juda. „Er ist gesund.“
Josef ließ Simeon aus dem Gefängnis kommen und neu einkleiden. Nachdem sich die anderen Brüder vom Reisestaub gereinigt hatten, bat er zu Tisch. Die Überraschten wussten nicht, womit sie die Ehre verdient hatten, doch sie trauten sich nicht zu fragen. Den verschollenen Bruder erkannten sie noch immer nicht.

Nach dem Mahl befahl Josef seinem Verwalter: „Lass den Männern aus Kanaan die Getreidesäcke füllen. In den des Jüngsten lege meinen silbernen Becher."
„Ja, Herr", sagte der Verwalter ...
Am nächsten Morgen brachen Josefs Brüder zur Heimreise auf. Da jagten ihnen ägyptische Reiter nach. Der Anführer zügelte sein Pferd vor Ruben und herrschte ihn an: „Wie könnt ihr es wagen, unseren Herrn zu berauben, der euch Gutes getan hat?!"
„Berauben?!", riefen die Brüder erschrocken.
„Einer von euch hat den silbernen Becher unseres Herrn gestohlen", erklärte der Reiter grimmig. „Öffnet die Getreidesäcke!"
Die Brüder gehorchten sofort, denn keiner fühlte sich schuldig. Die Ägypter fanden den Becher unter Benjamins Weizen. Vergebens beteuerte der Verwirrte seine Unschuld.
„Zur Strafe wirst du unserem Herrn als Sklave dienen", fuhr der Anführer den Erschrockenen an. „Komm mit!"
Die Brüder begleiteten Benjamin zu Josef. Juda warf sich dem vornehmen Ägypter zu Füßen. „Hör mich an, Herr", bat er verzweifelt. „Wir wissen nicht, wie dein Becher in das Getreide kam, aber jeder von uns ist bereit, Benjamins Unschuld zu beschwören. Wenn wir ohne unseren jüngsten Bruder nach Hause kämen, würde unser alter Vater vor Kummer sterben. Nimm mich an Benjamins Stelle zum Sklaven – ich bitte dich, Herr!"
Da konnte sich Josef nicht länger verstellen. „Ich bin euer Bruder, den ihr verkauft habt!", rief er. „Gott der Herr hat mir geholfen, und ich zürne euch nicht." Er umarmte seine Brüder, und alle weinten vor Freude.
„Eilet heim zu unserem Vater", sprach Josef weiter. „Sagt ihm, dass ich hier mächtig bin – und dass ich ihn und euch bitte, mit euren Frauen, Kindern, Knechten und Mägden im reichen Ägypten zu wohnen. Gott der Herr begleite euch."

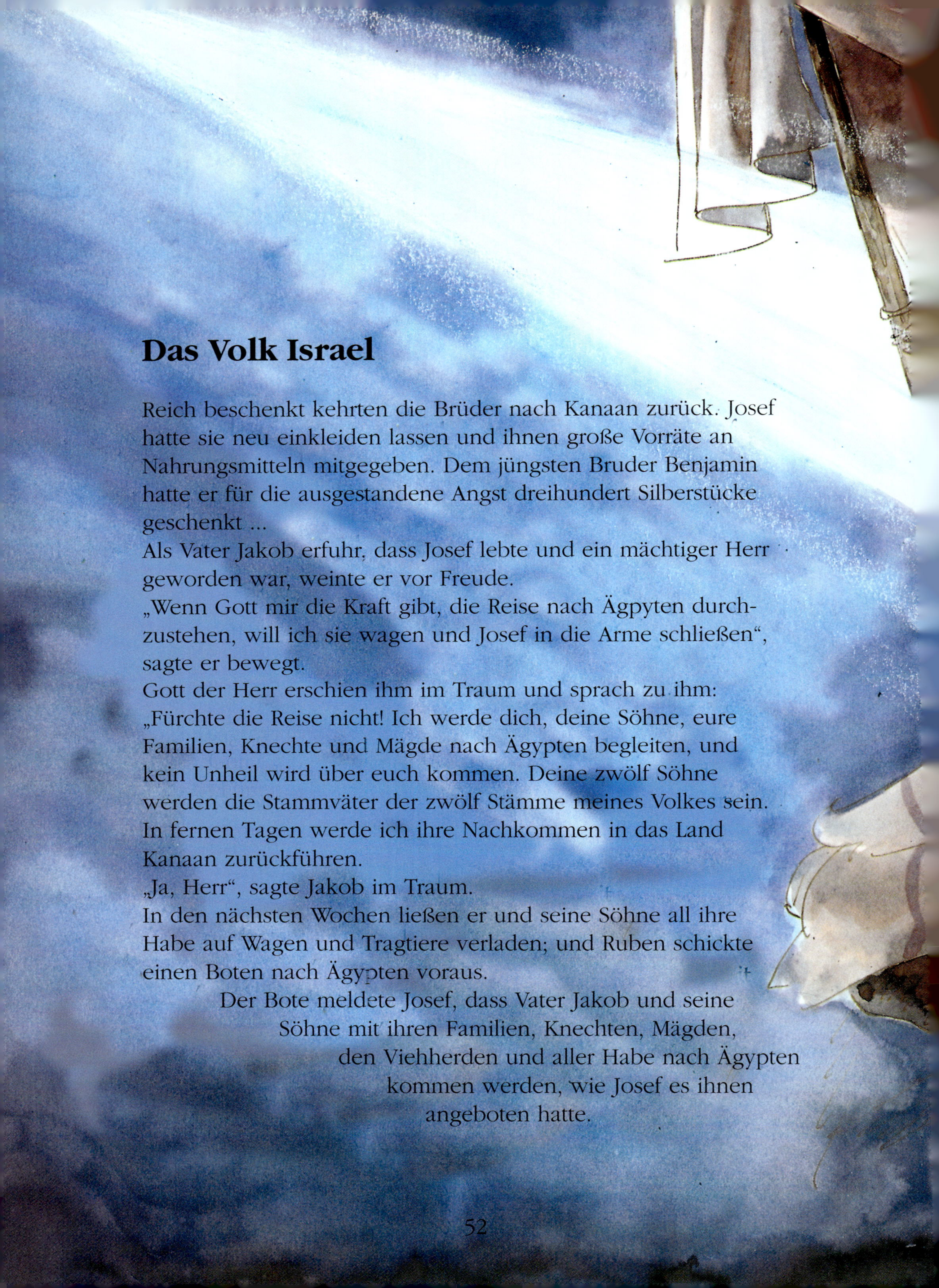

Das Volk Israel

Reich beschenkt kehrten die Brüder nach Kanaan zurück. Josef hatte sie neu einkleiden lassen und ihnen große Vorräte an Nahrungsmitteln mitgegeben. Dem jüngsten Bruder Benjamin hatte er für die ausgestandene Angst dreihundert Silberstücke geschenkt ...

Als Vater Jakob erfuhr, dass Josef lebte und ein mächtiger Herr geworden war, weinte er vor Freude.

„Wenn Gott mir die Kraft gibt, die Reise nach Ägpyten durchzustehen, will ich sie wagen und Josef in die Arme schließen", sagte er bewegt.

Gott der Herr erschien ihm im Traum und sprach zu ihm: „Fürchte die Reise nicht! Ich werde dich, deine Söhne, eure Familien, Knechte und Mägde nach Ägypten begleiten, und kein Unheil wird über euch kommen. Deine zwölf Söhne werden die Stammväter der zwölf Stämme meines Volkes sein. In fernen Tagen werde ich ihre Nachkommen in das Land Kanaan zurückführen.

„Ja, Herr", sagte Jakob im Traum.

In den nächsten Wochen ließen er und seine Söhne all ihre Habe auf Wagen und Tragtiere verladen; und Ruben schickte einen Boten nach Ägypten voraus.

Der Bote meldete Josef, dass Vater Jakob und seine Söhne mit ihren Familien, Knechten, Mägden, den Viehherden und aller Habe nach Ägypten kommen werden, wie Josef es ihnen angeboten hatte.

Josef freute sich sehr. Er eilte zum Pharao, um ihm die Ankunft des Vaters und der Brüder mitzuteilen.
„Du bist mein bester Beamter und mein bester Freund“, sagte der Pharao. „Was du tust, ist wohlgetan. Dein Vater und deine Brüder sollen auch mein Vater und meine Brüder sein. Ich werde ihnen das beste Land zuweisen, auf dem sie Äcker bebauen und Vieh züchten sollen. Ich weiß, dass die Leute aus Kanaan fleißig sind und hart arbeiten können. Das wird auch uns zugute kommen.“
Josef verneigte sich tief und bedankte sich herzlich.
Dann fuhr er seinem Vater und den Brüdern bis zur Grenze des Landes entgegen.
Vater Jakob umarmte ihn lange, und sie schämten sich der Tränen nicht.
Auf Befehl des Pharao siedelten die Leute aus Kanaan in Gosen, dem fruchtbarsten Landstrich des ägyptischen Reiches ...
Gott der Herr hatte Jakob einst den Ehrennamen „Israel“ verliehen, was „Streiter Gottes“ bedeutet. Dieser Name ging nun auf Jakobs Söhne und deren Nachkommen über. Sie wurden „das Volk Israel“ oder einfach „die Israeliten“ genannt.

Der Auszug aus Ägypten

Das Kind im Schilf

Lange Zeit verging.
Die Israeliten wurden stark in Ägypten.
In allen Familien gab es viele Kinder.
Das Volk Israel wuchs von Jahr zu Jahr.
Es breitete sich über ganz Ägypten aus.
Dann regierte ein Pharao, der nichts mehr von Josef wusste.
Seine Ratgeber warnten ihn: „Die Israeliten vermehren sich gefährlich. Bald werden sie zahlreicher als wir sein und sich gegen uns erheben.“
„Macht den größten Teil dieses Volkes zu Sklaven und zwingt sie zu harter Arbeit“, sagte der Pharao. „Als Sklaven sind sie harmlos.“
Da kamen schlimme Zeiten über die Israeliten. Ägyptische Aufseher trieben sie zu schwerster Arbeit auf den Feldern, in Steinbrüchen, beim Straßen- und Städtebau an.
Doch auch in der Sklaverei wuchs das Volk Israel weiter.
Zornig befahl der Pharao, alle neugeborenen Knaben der Israeliten in den Nil zu werfen, damit sie später keine Krieger werden konnten.
In jener Zeit lebte ein israelitisches Ehepaar, das eine elfjährige Tochter und ein drei Jahre altes Söhnchen hatte.
Da brachte die Frau einen zweiten Knaben zur Welt.
Drei Monate lang verbarg sie ihn zu Hause vor den Kriegern des Pharao. Länger war es nicht möglich. Der Knabe bekam eine kräftige Stimme. Sie hätte ihn den Schnüfflern bald verraten.
Da flocht die Mutter ein Kästchen aus Binsen und dichtete es mit Baumharz ab. Sie legte das Kind in das Kästchen, trug es zum Nilstrom und stellte es ins Uferschilf.

Die Schwester des Knaben versteckte sich in der Nähe, um zu beobachten, was geschehen würde.
Vater und Mutter beteten zu Hause für ihr ausgesetztes Kind.
Da kam die Tochter des Pharao an den Nil, um zu baden. Sie hörte klägliches Wimmern im Schilf und befahl ihrer Dienerin nachzusehen.
Die Magd fand das Kästchen, brachte es der Prinzessin und öffnete es. Als sich die Tochter des Pharao über den Knaben beugte, hörte er zu weinen auf.
„Es ist ein israelitischer Knabe, den seine Mutter vor den Kriegern des Pharao verstecken möchte“, behauptete die Dienerin. „Unsere Krieger haben schon mehrere Binsenkästchen im Schilf gefunden.“
Die Prinzessin hatte Mitleid mit dem Kind. Sie nahm es an sich und strich ihm über den Kopf.
Da fasste die Schwester des Knaben Mut. Sie huschte aus ihrem Versteck, lief zur Tochter des Pharao, warf sich vor ihr auf die Knie und fragte: „Soll ich eine israelitische Amme suchen, die das Kind versorgt?“
„Tu es“, befahl die Prinzessin.
Das Mädchen brachte ihr die Mutter.
Die Prinzessin sagte zu ihr: „Kümmere dich um den Knaben. Ich werde dir alles geben, was du für ihn brauchst.“
Nur zu gern nahm die Mutter ihr Kind zu sich ...
Nach einigen Jahren ließ die Prinzessin den Knaben in den königlichen Palast holen. Sie nahm ihn als eigenen Sohn an und nannte ihn Mose*. Das bedeutet „Mensch, der aus dem Wasser gezogen wurde“.

* in älteren Bibelausgaben auch „Moses“ genannt.

Der brennende Dornbusch

Als Adoptivsohn der Tochter des Pharao wurde Mose wie ein Königskind verehrt. Selbst hohe Beamte verneigten sich vor ihm. Als er erwachsen war, sagte ihm die Prinzessin, dass er kein Ägypter, sondern Israelit sei. Sie erzählte ihm, wie sie ihn gefunden hatte.
Mose bedankte sich für ihre mütterliche Liebe und Güte. „Doch jetzt“, sagte er, „will ich zu meinem Volk, um ihm in seiner Not beizustehen.“ Er verließ den Palast und ging zu den Israeliten. Dort traf er seinen Bruder Aaron. Sie halfen den Unterdrückten, wo sie konnten.
Kurze Zeit später bestieg ein anderer Pharao den ägyptischen Thron. Er mochte die Prinzessin nicht, und Mose war ihm fremd. Die Israeliten hasste er noch mehr als der Pharao vor ihm. Er befahl, ihnen weniger zu essen und zu trinken zu geben und sie mit doppelt so vielen Peitschenhieben zur Arbeit anzutreiben.
Eines Tages ging Mose zu einem Steinbruch. Dort sah er, wie ein ägyptischer Aufseher auf einen israelitischen Sklaven einschlug. Der Misshandelte war ein alter Mann und unter dem Gewicht eines Korbes voller Steine zusammengebrochen.
Als der Aufseher die Peitsche zum dritten Mal hob, sprang Mose auf ihn zu und schleuderte ihn gegen die Felswand. Der Aufseher brach leblos zusammen. Als der Pharao davon erfuhr, verurteilte er Mose zum Tod.
Freunde warnten den Verurteilten.
Auf abenteuerlichen Wegen floh Mose in das Land Midien. Dort heiratete er die Tochter eines Priesters. Lange Zeit hütete er die Herde des Schwiegervaters ...

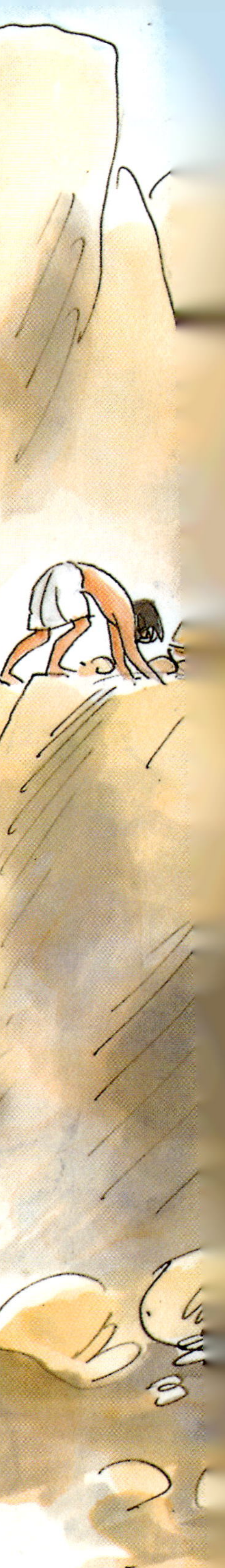

Eines Tages weideten die Schafe am Fuße des Berges Horeb. Plötzlich flammte ein Dornbusch auf, brannte lichterloh – und verbrannte nicht. Verwundert ging Mose näher. Da hörte er aus den Flammen eine Stimme: „Ich bin Gott der Herr. Komm nicht näher, Mose! Zieh deine Schuhe aus! Der Ort, auf dem du stehst, ist heiliges Land."
Mose zog die Schuhe aus und verhüllte sein Gesicht; denn er wagte nicht, Gott den Herrn anzuschauen.
Gott sprach weiter: „Ich habe die Leiden meines Volkes gesehen und will es aus ägyptischer Knechtschaft erretten. Du, Mose, wirst es nach Kanaan zurückführen – in das Land, das Jakob und seinen Söhnen Heimat war."

„Ich, Herr?", fragte Mose erschrocken. „Wie sollen mir die Israeliten glauben, dass du mir befohlen hast, sie aus Ägypten hinauszuführen?"
„Wirf deinen Hirtenstab auf die Erde", sagte Gott der Herr. Mose tat es, und der Stab verwandelte sich in eine Schlange. Erschrocken sprang Mose zurück.
Gott der Herr befahl ihm, die Schlange zu ergreifen. Mose gehorchte abermals, und die Schlange wurde wieder zum Stab. „Das zeige dem Volk, damit es dir glaubt", sprach Gott. „Dann geh zum Pharao und fordere ihn in meinem Namen auf, alle Israeliten ziehen zu lassen."
„Zum – Pharao?", stammelte Mose. „Aber – ich bin ungeschickt im Reden. Der Pharao wird mich – auslachen und – hinauswerfen lassen."
„Dein Bruder Aaron versteht zu reden", sagte Gott der Herr. „Er soll dich begleiten und für dich sprechen. Du, Mose, nimm deinen Hirtenstab mit und verwandle ihn vor den Augen des Pharao."
Die Flamme erlosch, der Dornbusch stand wie zuvor ...
Mose kehrte zu seinem Schwiegervater zurück, verabschiedete sich von ihm und ging mit seinem Weib und seinen Kindern nach Ägypten.
Auf halbem Wege kam ihnen Aaron entgegen.

Die Plagen

Mose und Aaron gingen zu den Stämmen Israels und verkündeten ihnen, dass Gott der Herr sie aus ägyptischer Knechtschaft befreien werde. Unter Moses Führung sollten sie in das Land Kanaan zurückkehren, in dem der Stammvater Jakob zu Hause gewesen war.
Als Zeichen, dass sie die Wahrheit redeten, ließ Mose seinen Hirtenstab zur Schlange und wieder zum Stab werden.
Da glaubte ihnen das Volk.
Mose und Aaron gingen zum Pharao.
Aaron sprach: „Höre, König, die Worte Gottes, unseres Herrn: Gib das Volk Israel frei und lasse es ziehen mit all seiner Habe."
„Du redest töricht", spottete der Pharao. „Wer ist dieser Herr, der sich für mächtiger hält, als ich es bin?"
„Sieh eines seiner Wunder", sagte Mose und warf seinen Hirtenstab zu Boden. Der Stab wurde zur Schlange.
„Soll ich mich fürchten?", höhnte der Pharao. „Solche Kunststücke können auch meine Zauberer." Er stampfte mit dem Fuß auf und rief: „Verschwindet, ihr Narren!"
Dann befahl er seinen Aufsehern, die Israeliten noch stärker zu unterdrücken als bisher ...
Mose war verzweifelt. Da erschien ihm Gott der Herr im Traum und sprach zu ihm: „Geh mit deinem Bruder noch einmal in den Königspalast. Dort soll Aaron zum Pharao die Worte sprechen, die ich dir jetzt sage."
„Ja, Herr", murmelte Mose.
Am nächsten Morgen ging er mit seinem Bruder in den Palast, und Aaron sprach zum Pharao: „Höre die Worte unseres Herrn, des Gottes Israels. Da dein Herz hart wie Stein ist, wird er so lange schreckliche Plagen über dein Land kommen lassen, bis du das Volk Israel mit Knechten und Mägden, Vieh und Wagen aus Ägypten fortziehen lässt."
Der Pharao wurde zornig und befahl seinen Kriegern, die Unverschämten hinauszuwerfen.

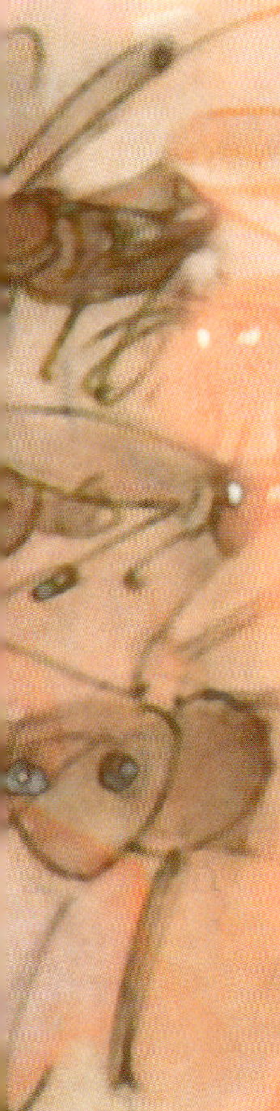

Noch am selben Tag ließ Gott der Herr die erste Plage über das Land des Pharao kommen. Das Wasser des Nilstroms und aller Bäche, Seen, Teiche und Tümpel wurde zu Blut. Nur in Gosen, wo die meisten Israeliten wohnten, blieb es klar.
Der Pharao gab nicht auf. Er befahl, Brunnen zu graben und den israelitischen Sklaven statt des Mittagessens Peitschenhiebe zu geben.
Da sandte Gott die Plage der Frösche. Sie stiegen aus allen Gewässern und bedeckten das Land. Nur Gosen verschonten sie.
Damit nicht genug. Scharen von Fliegen fielen über Menschen und Tiere her. Ihnen folgten gefährliche Stechmücken.
Der Pharao ließ Mose und Aaron rufen. „Wenn euer Gott mich und mein Land in Ruhe lässt, dürft ihr ziehen, wohin ihr wollt", versprach er unwillig.
Mose und Aaron beteten zum Herrn, und die Plagegeister verschwanden.
Da vergaß der Pharao sein Versprechen. Er behielt das Volk Israel in ägyptischer Sklaverei.
Gott der Herr schickte Seuchen, die die Hälfte der Herden dahinrafften. Dann ließ er Menschen und Tiere an Geschwüren erkranken. Nur Gosen blieb wieder verschont.
Hagelschauer und Blitzschläge vernichteten die Ernte. Was übrig blieb, wurde von Heuschrecken aufgefressen. Dann legte sich drei Tage lang undurchdringliche Finsternis auf Ägypten.
In höchster Not schwor der Pharao dem Mose, die Israeliten nun wirklich freizugeben.

Mose betete zum Herrn. Sein Gebet wurde erhört – und der Pharao brach seinen Schwur. Das Volk Israel blieb versklavt.

Und Gott sprach zu Mose: „Nun will ich die schrecklichste Plage auf Ägypten werfen. Am vierzehnten Tag des Monats werde ich jeden Erstgeborenen sterben lassen, den ältesten Königssohn genauso wie die erstgeborenen Söhne in ärmlichen Hütten, dazu jedes erstgeborene Tier.

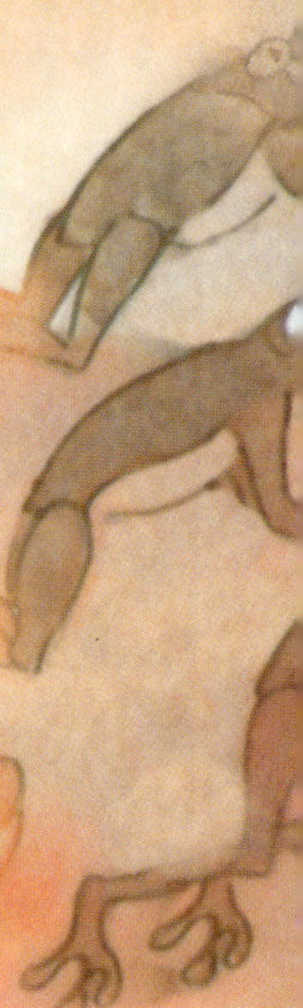

Dem Volk Israel wird nichts geschehen. Am vierzehnten Tag des Monats soll jeder israelitische Hausvater ein Lamm schlachten und mit dessen Blut die Türpfosten bestreichen. An diesen Türen wird der Engel des Todes vorübergehen. Ihr aber kleidet euch zu weiter Reise an. Esset von dem Lamm und von ungesäuerten Broten. Dann greift zu den Wanderstäben und erwartet den Befehl zum Aufbruch."

Mose und Aaron sagten dem Volk Bescheid.

Zur Mitternacht des vierzehnten Tages ging der Todesengel durch Ägypten und raffte die Erstgeborenen dahin. Nur an den mit dem Blute des Lammes gekennzeichneten Türen schritt er vorüber.

Da war großes Jammern im Lande, und der Pharao schrie Mose an: „Zieh fort mit deinem Volk, und kommt nie wieder!" Die Israeliten brachen mit allem auf, was sie besaßen. Menschen und Tiere eilten der Grenze zu.

Gott der Herr wies ihnen den Weg. Tagsüber zog er als Wolke vor ihnen her, nachts in einer Feuersäule.

Die Wanderung durch das Meer

Schon kurze Zeit nach dem Abzug des Volkes Israel wurde der Pharao mit Beschwerden überhäuft. Die Aufseher in den Steinbrüchen beklagten sich, dass ihnen die israelitischen Sklaven als Arbeiter fehlten. Die Städte- und Straßenbaumeister jammerten über die Faulheit der Leute, die ihnen geblieben waren. „Gib uns die Israeliten wieder, Pharao!“, riefen sie. Noch lauter schrien die Vornehmen, die von israelitischen Sklaven und Sklavinnen bedient worden waren. Selbst im Königspalast klappte vieles nicht mehr so wie vorher. Der Küchenmeister, der Barbier des Pharao, der königliche Hofsänger und andere Diener waren Israeliten gewesen. Die Neuen stellten sich viel ungeschickter an als jene, die mit Mose weggegangen waren.
Da reute es den Pharao, dass er sie hatte ziehen lassen.
Er rief sein Heer zusammen und jagte ihnen mit Streitwagen und Reitern nach, um sie zurückzuholen.
Die Israeliten lagerten am Ufer des Roten Meeres. Es war Abend geworden. Da preschte das Heer der Ägypter heran, und die Verfolgten erstarrten vor Schreck.
Gott der Herr sprach zu Mose: „Strecke deine Hand gegen das Meer aus!“

Mose tat es. Da peitschte ein mächtiger Sturm aus dem Osten herüber. Finsternis legte sich zwischen das Heer des Pharao und die Israeliten. Sturm und Finsternis nahmen den Ägyptern die Sicht und verwirrten sie. Und der Sturmwind blies eine breite Gasse in das Meer. In hohen Mauern türmte sich das Wasser zu beiden Seiten auf.
Trockenen Fußes wanderten die Israeliten mit Herden und Habe durch den Nordarm des Roten Meeres.
Am frühen Morgen erreichten sie das andere Ufer.
Der Sturm hörte so plötzlich auf, wie er losgebrochen war, und die Finsternis verschwand vor den Ägyptern.
„Folgt mir!", rief der Pharao und ritt in die Gasse zwischen den Wassermauern. Das Heer sprengte ihm nach.
Als die Ägypter in der Mitte des Meeresarmes waren, befahl Gott der Herr dem Mose: „Strecke deine Hand abermals gegen das Meer aus."
Mose gehorchte.
Da stürzten die Wassermauern zusammen und begruben den Pharao und all seine Krieger unter sich.
Das Volk Israel dankte dem Herrn für die wunderbare Rettung und lobte ihn in Tänzen und Gesängen ...
Gott führte es jedoch nicht auf dem geraden und kürzesten Wege nach Kanaan, sondern auf weiten Umwegen durch die Wüste. Auf dem geraden Weg hätten die Israeliten das Land der Philister durchqueren müssen. Diese waren ein kriegerisches Volk von riesenhaftem Wuchs. Die Israeliten, die durch lange Knechtschaft geschwächt waren und von Frauen, Kindern und Herden begleitet wurden, wären den Riesen unterlegen und in neue Sklaverei gekommen.
Das sagte Gott dem Mose, und dieser sagte es dem Volk. Aaron antwortete für alle: „Der Herr ist weise. Er sieht, was wir nicht sehen. Sein Rat ist gut, sein Wille geschehe."

Wunder in der Wüste

Vom Ufer des Roten Meeres zog das Volk Israel in die Wüste. Heiß brannte die Sonne vom Himmel. Nirgendwo gab es Wasser. Menschen und Tiere quälte der Durst.
Am Abend des dritten Tages erreichten sie eine Wasserstelle, doch das Wasser war bitter. Nicht einmal das Vieh trank davon.
Da murrte das Volk gegen Mose. „Hast du uns aus Ägypten geführt, damit wir in Sand und Steinen verschmachten?", riefen die Unzufriedenen.
Mose betete zu Gott. Der Herr zeigte ihm einen Baum und befahl: „Brich Holz ab und wirf es ins Wasser."
Mose tat es, und das Wasser wurde trinkbar. Menschen und Tiere stillten ihren Durst. Die Frauen füllten Vorräte in Schläuche.
Eineinhalb Monate später zogen die Israeliten durch das Wüstenland Sin. Hier gingen die Nahrungsmittel zu Ende. Hunger kam auf. Wieder murrten Unzufriedene.
Abermals betete Mose um Hilfe.
Gott der Herr sagte zu ihm: „Noch heute Abend werdet ihr genug zu essen haben, und morgen werde ich Brot für alle vom Himmel regnen lassen."
So geschah es.
Am Abend flogen Wachtelschwärme in das Lager und bedeckten weithin den Boden. Die Israeliten machten reiche Beute.
Die halbe Nacht hindurch brannten die Feuer unter den Fleischkesseln.
Am nächsten Morgen lagen große weiße Flocken auf dem Wüstensand.
„Was ist das?", fragten die Israeliten.
„Es ist das Brot, das Gott der Herr uns zu essen gibt", antwortete Mose.
Die Israeliten kosteten davon. Die Flocken schmeckten wie Honigkuchen. Mose nannte sie „Manna".

Die Israeliten sammelten, so viel sie brauchten.
Der Mannasegen blieb. An jedem Morgen fiel er von neuem vom Himmel. Nur am siebten Tag, den Gott der Herr seit der Erschaffung der Welt zum Feiertag bestimmt hatte, blieb er aus. Frauen und Kinder sammelten am Tag vorher so viel ein, dass es auch am siebten Tag genug zu essen gab ...
Weiter ging der Zug durch die Wüste. Überall ragten Felsen auf, die die Sonnenhitze unbarmherzig zurückstrahlten.
Der Wasservorrat war bald erschöpft.
Wieder half Gott der Herr. Er befahl Mose, mit dem Wanderstab an den nächsten Fels zu schlagen.
Mose tat es, und Wasser sprudelte aus dem Gestein.
Alle bekamen zu trinken.
Gott der Herr freute sich am Dank seines Volkes.
Kurz darauf schenkte er ihm den Sieg im Kampf gegen mächtige Feinde.
Die räuberischen Amalekiter stellten sich den Israeliten in den Weg. König Amalek forderte Mose auf, sich mit seinem Volk in die Sklaverei zu begeben oder am kommenden Tag um die Freiheit zu kämpfen.

Die Israeliten entschieden sich für den Kampf.
Mose sagte zu einem jungen Mann namens Josua: „Wähle die tapfersten Männer aus und führe sie morgen gegen die Amalekiter. Während ihr in der Ebene kämpft, werde ich auf dem Hügel über unserem Lager stehen und meine Hände segnend über euch halten."
Am nächsten Morgen führte Josua seine Krieger in den Kampf. Mose stand mit Bruder Aaron und einem Freund namens Hur auf dem Hügel und segnete die israelitischen Streiter.
Solange er die Arme ausgestreckt hielt, siegte Josuas Schar; ließ er die Arme sinken, drangen die Amalekiter vor.
Die Schlacht tobte hin und her, und Mose ermattete.
Die Amalekiter jubelten schon über ihren Sieg.
Da setzte sich Mose auf einen Stein. Aaron und Hur stützten seine Arme, so dass sie nicht mehr niedersanken.
Als die Sonne unterging, hatten Josua und seine Kämpfer die Amalekiter vernichtend geschlagen.
Mose schichtete einen Altar aus Steinen auf und brachte Gott ein Dankopfer dar.

Die zehn Gebote

Im dritten Monat nach dem Auszug aus dem Ägypterland kamen die Israeliten an den Berg Sinai. In der Ebene davor schlugen sie ihre Zelte auf.
Am dritten Tag verhüllte eine Wolke den Gipfel des Berges.
Es blitzte und donnerte. Posaunenstöße schallten über das Land.
Zitternd hörte das Volk Israel die zehn Gebote, die Gott der Herr ihm zurief:
„Ich bin der Herr, dein Gott! Du sollst keine anderen Götter neben mir haben!
Du sollst den Namen des Herrn, deines Gottes, nicht verunehren!
Du sollst den Sabbat heiligen!
Du sollst Vater und Mutter ehren!
Du sollst nicht töten!
Du sollst nicht ehebrechen!
Du sollst nicht stehlen!
Du sollst kein falsches Zeugnis geben gegen deinen Nächsten!
Du sollst nicht begehren deines Nächsten Haus!
Du sollst nicht begehren deines Nächsten Weib, Knecht, Magd, Vieh, noch sonst etwas, das ihm gehört!“
„Amen“, sagte Mose; das bedeutet: „So sei es.“
„Amen!“, rief das Volk.
„Steig zu mir herauf“, befahl Gott der Herr dem Mose.
„Ich werde dir Steintafeln geben, in die ich meine Gebote eingemeißelt habe.“
Mose stieg auf den Berg, und die Wolke entzog ihn den Blicken des Volkes.
Vierzig Tage und vierzig Nächte blieb er auf dem Gipfel des Sinai, trank kein Wasser und aß kein Brot.

Das goldene Kalb

Als Mose so lang auf dem Berg blieb, traten Abgesandte des Volkes vor Aaron und sagten: „Wer weiß, was deinem Bruder dort oben geschehen ist. Mach uns einen Gott, den wir sehen können. Er soll vor uns herziehen und sich nicht in Wolken verstecken!“ Das sagten sie so grimmig, dass Aaron für sein Leben fürchtete. Er antwortete ihnen: „Bringt mir den goldenen Schmuck eurer Frauen, Söhne und Töchter!“

Sie taten es.

Aaron schmolz das Gold im Feuer und goss daraus ein Kalb.

„Ja“, jubelte das Volk, „das soll unser Gott sein!“

Aaron baute einen Altar, und die Israeliten opferten dem Götzenbild. Dann feierten sie ein Fest, aßen und tranken und tanzten um das goldene Kalb herum.

Als Mose vom Berg herabstieg und das Treiben sah, wurde er zornig. Er zerschmetterte die Steintafeln, in die Gott der Herr seine Gebote gemeißelt hatte, am Fels. Dann trieb er die Leute von dem goldenen Kalb weg und zermalmte es zu Staub.

Die Männer, Frauen und Kinder erschraken und verkrochen sich in den Zelten.
Am nächsten Morgen sprach Mose zu ihnen: „Schon nach vierzig Tagen und Nächten habt ihr euch gegen Gottes Gebot versündigt!“
Sie baten ihn um Erbarmen, und er antwortete: „So will ich denn noch einmal zum Herrn hinaufsteigen und ihn bitten, euch die Sünde zu vergeben.“
Er stieg auf den Gipfel des Berges Sinai und sagte zu Gott: „Mein Volk hat schwer gesündigt und dich bitter gekränkt. Vergib ihm, Herr. Wenn nicht, bestrafe auch mich; denn ich bin einer von ihnen.“
Gott antwortete ihm: „Führe das Volk Israel weiterhin. Mein Engel wird dir den Weg weisen. Die Sünder werde ich bestrafen, wenn die Zeit dazu gekommen ist.“
Er übergab Mose zwei neue Steintafeln, in die er die zehn Gebote noch einmal eingemeißelt hatte.
Als Mose vom Berg zurückkam, strahlte sein Angesicht in himmlischem Glanz, und die Israeliten verneigten sich vor ihm.

Die Kundschafter

Aus der Ebene am Sinai wanderte das Volk Israel bis an die Grenze des Landes, das Gott der Herr ihm zur Heimat bestimmt hatte. Mose rief aus jedem der zwölf Stämme einen Mann zu sich und befahl ihnen: „Geht als Kundschafter über das Gebirge und seht euch im Lande um! Berichtet mir über das Volk, das darin wohnt, über Städte und Dörfer, und bringt mir von den Früchten des Landes die schönsten mit!“

Die Zeit war günstig. In Kanaan, so hieß das Land, wurden Weintrauben geerntet.

Die Kundschafter staunten über die herrlichen Früchte. Sie schnitten eine Traube ab, die so groß war, dass zwei Männer sie an einem starken Stab tragen mussten. Dazu nahmen sie Feigen und Granatäpfel mit.

Nach vierzig Tagen kehrten sie in das israelitische Zeltlager zurück und berichteten: „Kanaan trägt reiche Ernten. Das Volk der Kanaaniter ist jedoch stark, von riesenhaftem Wuchs und sehr kriegerisch. Seine Städte sind mit hohen, festen Mauern umgeben.“

Da jammerten die meisten Israeliten und murrten gegen Mose und Aaron.

„Wären wir doch in Ägypten gestorben oder in der Wüste umgekommen!“, riefen Mutlose. „Warum schickt uns Gott nach Kanaan, wo wir von Riesen erschlagen werden?!“

„Lasst uns einen Hauptmann wählen, der uns nach Ägypten zurückführt!“, schrie jemand.

„Jaa!“, schrien Tausende mit ihm.
Die Kundschafter Josua und Kaleb riefen dagegen: „Wenn Gott der Herr uns beisteht, werden wir das Land besiedeln, das er uns verheißen hat! Fürchtet euch nicht!“
Dann mussten sie sich verbergen, denn das Volk wollte sie steinigen.
Mose betete zu Gott.
Dann verkündete er dem Volk, was der Herr ihm gesagt hatte: „So spricht der Herr! Nur eure Kinder und die Kundschafter Josua und Kaleb werden in das Land kommen, das ich euch verheißen hatte. Ihr anderen sollt in der Wüste sterben, wie ihr es gewünscht habt. Schon morgen werdet ihr an das Ufer des Roten Meeres zurückziehen! Dort sollt ihr vierzig Jahre lang als Hirten leben, so lange, bis jene nicht mehr sind, die gegen mich gemurrt haben!“
Da war großer Jammer im Lager.
Trotzige begehrten auf: „Wer sagt uns, dass die Kundschafter und Mose die Wahrheit gesprochen haben? Wer Mut hat, zieht morgen mit uns nach Kanaan hinein!“
Am nächsten Morgen zogen zweitausend bewaffnete Männer in die Berge.
Sie trafen auf Kanaaniter, die hier wohnten, und wurden geschlagen.
Damit nicht genug. Die Sieger stießen bis in das Zeltlager der Angreifer vor und trieben das gesamte Volk Israel in die Wüste hinaus.

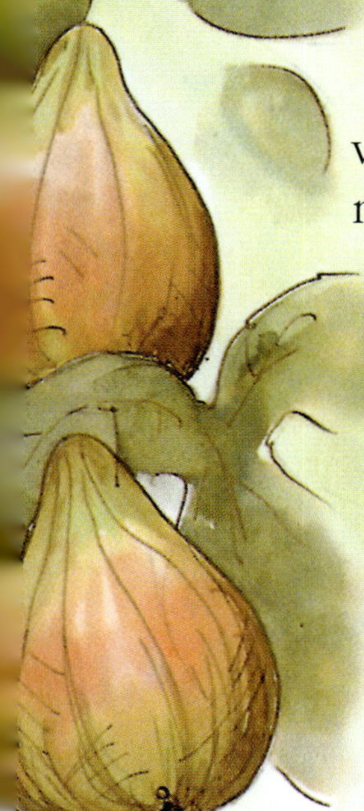

Moses Tod

Vierzig Jahre lang hatte das Volk Israel ein unruhiges Hirtenleben geführt, wie Gott der Herr es bestimmt hatte.
Nur wenige der Männer und Frauen, die damals das goldene Kalb angebetet und gegen Gott gemurrt hatten, waren noch am Leben.
Ihre Kinder waren zu Männern und Frauen herangewachsen, die selbst wieder Kinder hatten.
Von den Anführern des Volkes lebten noch Mose, Aaron und die Kundschafter Josua und Kaleb.
Zu Beginn des vierzigsten Jahres wanderten die Israeliten zum zweiten Mal nach Kanaan. In diesen Tagen starben die letzten Männer und Frauen, die damals das goldene Kalb angebetet hatten.
Mit ihnen starb Aaron. Das Volk betrauerte ihn dreißig Tage lang.
Auch Mose fühlte sein Ende nahen. Er war hundertzwanzig Jahre alt und müde geworden.
Auf Gottes Befehl rief er das Volk zusammen und sagte: „Josua wird euch nach Kanaan hineinführen. Vertraut ihm und fürchtet euch nicht. Der Herr ist mit euch."
Das war der Abschied.
Gott führte Mose auf den Berg Nebo, von dem man weit in das fruchtbare Kanaan schauen konnte.
Hier starb Mose in Frieden.
Das Volk Israel betrauerte ihn aufrichtig und hielt sein Andenken in Ehren.

Die Eroberung Kanaans

Die Posaunen von Jericho

Gott der Herr sprach zu Josua: Zieh mit dem Volk Israel über den Jordan und schlagt vor der Stadt Jericho eure Zelte auf. Lass die Priester mit der Bundeslade vorangehen."
„Ja, Herr", antwortete Josua.
Die Bundeslade, die an zwei Stangen getragen wurde, enthielt die Gesetzestafeln, die Gott der Herr dem Mose gegeben hatte.
Als die Priester mit der Bundeslade an den Jordan kamen, staute sich das Wasser, das von oben herunterfloss, zu einem Damm, das abfließende Wasser verschwand zum Toten Meer hin.
Trockenen Fußes überquerten die Israeliten den Fluss. Als der letzte Wagen an das jenseitige Ufer gekommen war, fiel der Damm zusammen. Das Wasser strömte wie vorher.
Die Stadt Jericho galt als uneinnehmbar. Sie war von hohen, dicken Mauern umgeben. Die fest geschlossenen Tore trotzten den stärksten Rammböcken.
Die Krieger auf den Zinnen der Stadtmauer verspotteten die schlecht bewaffneten Israeliten. Ein Anführer rief den Belagerern zu: „Unsere Vorräte reichen so lange, bis ihr alt und klapprig geworden seid!"
„Alt und klapprig!", johlten seine Krieger und schlugen sich auf die Schenkel.

„Gott der Herr wird uns beistehen“, sagte Josua zu den Ungeduldigen. Sein Vertrauen wurde belohnt. Gott sprach zu ihm: „Ich will die Stadt in deine Hand geben. Das Volk Israel soll erkennen, dass Mauern vor Menschen schützen, doch armselig sind vor mir.“

„Was soll ich tun, Herr?“, fragte Josua. „Befiehl, ich werde gehorchen!“

Gott befahl: „Zieh mit allem Kriegsvolk sechs Tage lang je einmal um die Stadt. Vier Priester sollen die Bundeslade voraustragen. Am siebten Tag zieht sieben Mal um Jericho, und sieben Priester mit sieben Posaunen sollen der Bundeslade vorangehen. Beim siebten Umgang sollen die Priester in die Posaunen stoßen, und das gesamte Volk Israel stimme lautes Geschrei an.“

„So geschehe es, Herr“, sagte Josua und tat, was Gott ihm befohlen hatte.

Sechs Tage lang marschierten die israelitischen Krieger um die befestigte Stadt und ertrugen den Spott der Verteidiger.

Am siebten Tag geschah es dann.

Als die Priester beim siebten Umgang in die Posaunen stießen und das Volk Israel in lautes Geschrei ausbrach – stürzten die Mauern von Jericho zusammen.

So eroberten die Israeliten die erste Stadt in Kanaan.

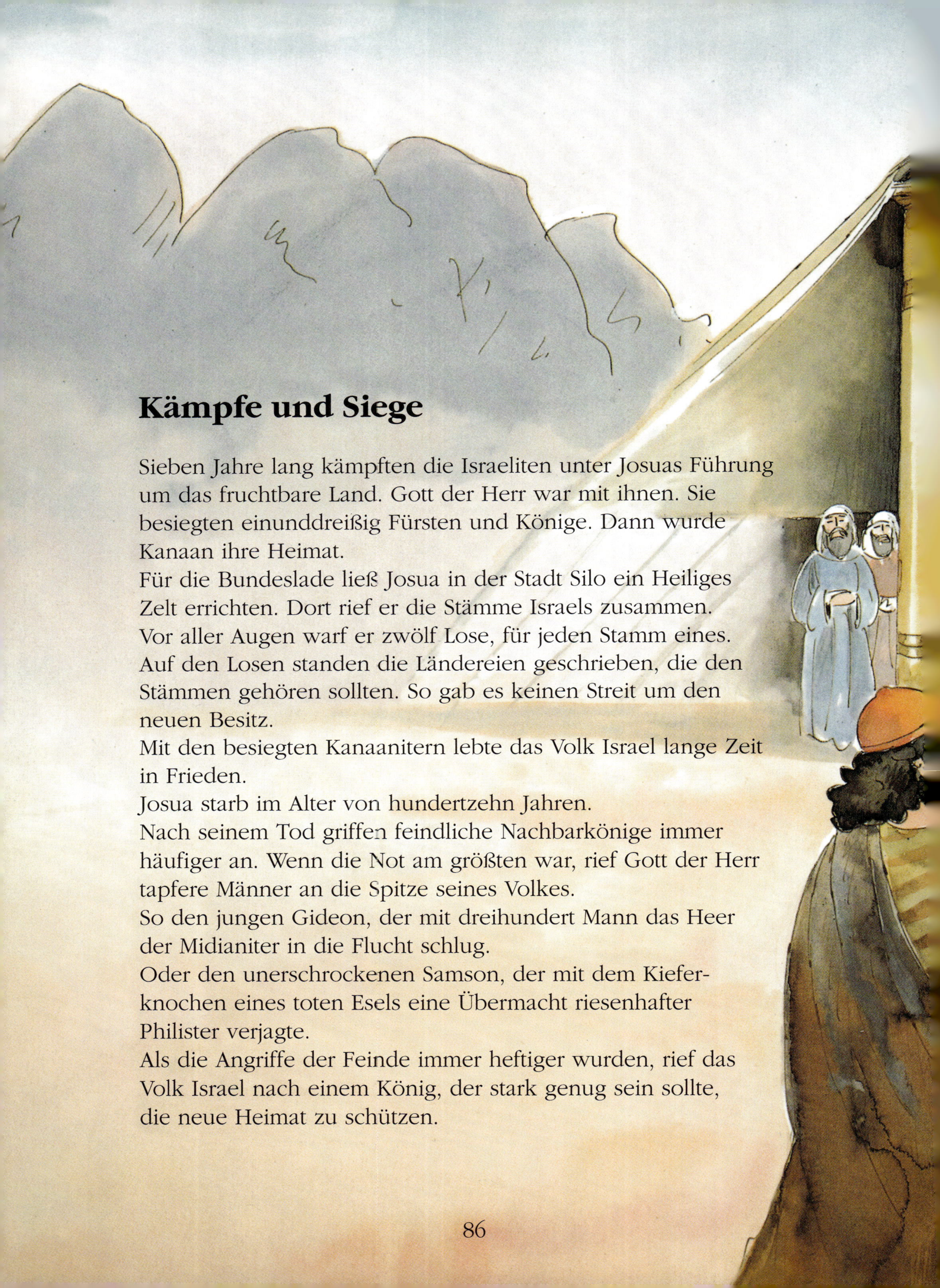

Kämpfe und Siege

Sieben Jahre lang kämpften die Israeliten unter Josuas Führung um das fruchtbare Land. Gott der Herr war mit ihnen. Sie besiegten einunddreißig Fürsten und Könige. Dann wurde Kanaan ihre Heimat.

Für die Bundeslade ließ Josua in der Stadt Silo ein Heiliges Zelt errichten. Dort rief er die Stämme Israels zusammen. Vor aller Augen warf er zwölf Lose, für jeden Stamm eines. Auf den Losen standen die Ländereien geschrieben, die den Stämmen gehören sollten. So gab es keinen Streit um den neuen Besitz.

Mit den besiegten Kanaanitern lebte das Volk Israel lange Zeit in Frieden.

Josua starb im Alter von hundertzehn Jahren.

Nach seinem Tod griffen feindliche Nachbarkönige immer häufiger an. Wenn die Not am größten war, rief Gott der Herr tapfere Männer an die Spitze seines Volkes.

So den jungen Gideon, der mit dreihundert Mann das Heer der Midianiter in die Flucht schlug.

Oder den unerschrockenen Samson, der mit dem Kieferknochen eines toten Esels eine Übermacht riesenhafter Philister verjagte.

Als die Angriffe der Feinde immer heftiger wurden, rief das Volk Israel nach einem König, der stark genug sein sollte, die neue Heimat zu schützen.

Die Könige

Saul

In der Stadt Rama wohnte der alte, fast erblindete Prophet Samuel. Gott der Herr erschien ihm und sprach: „Geh aus der Stadt hinaus. Ich werde dich zu dem führen, den ich zum König des Volkes Israel bestimmt habe.“
Samuel gehorchte.
Vor dem Stadttor traf er einen Jüngling und hörte Gottes Stimme: „Das ist er, der König sein soll.“
Der junge Mann war hoch gewachsen und stark. Er grüßte den greisen Propheten ehrerbietig.
„Wer bist du?“, fragte Samuel.
„Ich heiße Saul“, antwortete der Jüngling. „Meinem Vater sind zwei Eselinnen entlaufen. Ich suche sie. Hast du sie vielleicht gesehen?“
„Such nicht weiter“, sagte Samuel. „Sie sind gefunden. Komm mit mir und höre, was Gott dir bestimmt hat.“
Saul folgte Samuel in dessen Haus.
Dort befahl ihm der Prophet niederzuknien.
Der Jüngling gehorchte.
Samuel goss Öl auf das Haupt des Knienden und sagte: „Gesalbt bist du im Namen Gottes des Herrn. Erhebe dich, König von Israel.“
Dann rief er die Vertreter der zwölf Stämme zusammen und stellte ihnen Saul als König vor. Sie verneigten sich und versprachen, den Befehlen des Gesalbten zu gehorchen ...
Saul war nicht nur tapfer, sondern auch klug. Er stellte ein Heer auf und ließ es in Angriff und Verteidigung bestens ausbilden. Mit diesem Heer schlug er Israels schlimmste Feinde, die Ammoniter und Amalekiter.

Friede war im Land, und das Volk jubelte seinem König zu. Da wurde Saul hochmütig. Er vergaß, dass Gott ihm die Siege geschenkt hatte, und achtete dessen Gebote nicht mehr.
Der Herr bestrafte ihn mit quälenden Gedanken. Tage- und nächtelang wurde Saul von Schwermut geplagt, und niemand konnte ihm helfen.
Da riet ein Freund dem König: „Hol jemanden zu dir, der die Harfe zu spielen versteht. Harfenspiel vertreibt den Trübsinn. Ich denke an David, den jüngsten Sohn des Isai in Bethlehem. David ist fast noch ein Knabe, aber die Harfe spielt er meisterhaft. Sein Spiel hat mich oft erheitert."
Die Boten des Königs holten David vom Felde, wo er die Herde seines Vaters hütete.
David spielte vor Saul, und die Schwermut wich vom König. Saul gewann den Jungen lieb. Sooft die wirren Gedanken kamen, ließ er ihn holen. Davids Harfenspiel vertrieb sie immer wieder.

David

In jener Zeit sammelten die Philister ein gewaltiges Heer gegen Israel. Saul und seine Krieger zogen ihm entgegen. Die Heere lagerten einander gegenüber.
Wieder umnachtete Trübsinn den Geist des Königs, und er wusste nicht, was er tun sollte.
Ein Freund holte David, der die Herde seines Vaters hütete.
Als sie in das israelitische Lager kamen, trat der Riese Goliath vor das Heer der Philister. Er trug einen schweren Eisenhelm, einen klirrenden Schuppenpanzer, ein breites Schwert, einen mächtigen Schild und einen überlangen Speer mit scharfer Spitze.
„Hört, ihr israelitischen Zwerge!", rief er mit dröhnender Stimme.
„Wählt einen Kämpfer aus und schickt ihn mir entgegen! Wenn er mich niederschlägt, werden wir eure Knechte sein! Schlage ich ihn nieder, seid ihr unsere Sklaven!"
Saul saß in seinem Zelt und starrte vor sich hin.
„Was ist los mit euch, ihr Feiglinge?!", höhnte der Riese herüber.
„So spottet er schon tagelang", sagte der Reiter, der David geholt hatte. „Doch wer soll ihn bezwingen?"
David hörte ihm nicht länger zu. Er lief zu Saul und sagte: „Lass den Mut nicht sinken, König. Ich werde gegen Goliath kämpfen. Mit Gottes Hilfe besiege ich den Koloss."
„Du?", murmelte Saul müde.
„Ich mit Gottes Hilfe", sagte David.

Drüben höhnte der Riese weiter, und kein israelitischer Krieger stellte sich ihm zum Kampf.
„Legt David – eine Rüstung an", sagte Saul stockend.
David wies sie zurück. Er nahm nur seinen Hirtenstab, seine Schleuder und fünf glatte Steine in seiner Hirtentasche mit. So trat er Goliath entgegen.
„Bin ich ein Hund, dass du mit einem Stecken zu mir kommst?", brüllte der Riese.
„Ich komme im Namen Gottes, dessen Volk du verhöhnst!", rief David und legte einen Stein auf die Schleuder.
Goliath hob den mächtigen Speer.
Blitzschnell schleuderte David den Stein auf des Riesen Stirn.
Wie vom Blitz getroffen, stürzte Goliath nieder. David lief zu ihm, zog ihm das Schwert aus dem Gehänge und hieb ihm das Haupt ab.
Als die Philister sahen, dass ihr stärkster Mann tot war, ergriffen sie die Flucht. Die Israeliten jagten ihnen nach und schlugen sie vernichtend.
Saul wollte David danken, doch fand er ihn nicht. Der Junge war zur Herde seines Vaters zurückgekehrt. Er hütete die Schafe, als ob nichts gewesen wäre ...
Nach Sauls Tod wurde David im Alter von dreißig Jahren zum König gewählt. Er machte Jerusalem zu seiner Hauptstadt, regierte in Frieden und dichtete und sang Gott dem Herrn zu Ehren viele Lieder.

Salomo

Vierzig Jahre regierte König David das Volk Israel. Als er sein Ende nahen fühlte, rief er seinen Sohn Salomo zu sich und ermahnte ihn, ein guter Herrscher zu sein und Gottes Gebote zu befolgen.
Salomo versprach es.
Gott der Herr half ihm. Salomo wurde der mächtigste, weiseste und reichste König der Israeliten.
Aus Dankbarkeit ließ er Gott dem Herrn zu Jerusalem einen prächtigen Tempel errichten. Sieben Jahre dauerte der Bau. Als er fertig war, überstrahlte er an Pracht alle Tempel, die bisher den heidnischen Göttern errichtet worden waren.
In feierlicher Prozession wurde die Bundeslade in das riesige Gotteshaus getragen. Der Hohepriester und die Priester des Herrn segneten das Volk, das aus ganz Israel herbeigeströmt war ...
Salomos Ruhm breitete sich über alle Länder aus. Händler, Gelehrte und Künstler kamen von weither an den Hof zu Jerusalem und dienten dem König. Seine Karawanen zogen durch Steppen und Wüsten, seine Schiffe legten an den fernsten Küsten an.
Auch die Königin von Saba hörte von seiner Weisheit und Pracht. Sie rüstete eine Karawane aus, um ihn zu besuchen. Hunderte Kamele und viele Sklaven trugen Geschenke: Gold, Silber,

Edelsteine, Elfenbein, Seide, Duftstoffe, Weihrauch, Salböle und heilkräftige Kräuter.

Salomo empfing die Herrscherin mit allen Ehren. Er bewirtete sie und ihr Gefolge fürstlich, zeigte ihr die Stadt Jerusalem und das Land und beantwortete alle Fragen, die sie ihm stellte.

Sie staunte über seine Weisheit und bewunderte die Pracht, die ihn umgab.

Als sie sich nach langer Zeit verabschiedete, war sie Salomo in Freundschaft verbunden.

Wie sein Vater David regierte auch Salomo vierzig Jahre lang.

Nach seinem Tod zerfiel sein Reich in zwei Teile: in das Land Judäa im Süden, dessen Hauptstadt Jerusalem blieb; und in das Land Israel im Norden, dessen Könige von Sichem aus regierten.

Judäa und Israel waren bald zerstritten. Sie übertraten auch die Gebote des Herrn und wandten sich sogar heidnischen Göttern zu.

Gott bestrafte die Abtrünnigen mit Unterdrückung durch fremde Herrscher.

So geriet das Volk Israel in babylonische und persische Sklaverei und schließlich unter die Herrschaft der Römer.

Gläubige flehten den Gott ihrer Väter um Hilfe an.

Gott der Herr erbarmte sich. Durch seine Propheten ließ er dem Volk Israel verkünden, dass er ihm den Messias senden werde, den Erlöser aus Sünde und Not.

Geschichten aus dem Neuen Testament

Das Wunder von Bethlehem

Die Botschaft des Engels

Mehr als zweitausend Jahre ist es her – unvorstellbar lange.
Seit Jahrhunderten wartete das Volk Israel auf den Erlöser,
der es von der Herrschaft grausamer Könige, aus Armut,
Not und Zwangsarbeit befreien sollte.
Da erhörte Gott der Herr die Gebete.
Die Bibel erzählt, was geschah:
Über das judäische Land herrschte König Herodes. Er wohnte in einem prächtigen Palast in der Hauptstadt Jerusalem. Dort feierte er prunkvolle Feste. Alle, die ihm schmeichelten, belohnte er reichlich, denn er war sehr eitel. Wen er für seinen Feind hielt, den ließ er verfolgen und grausam bestrafen. Da war mancher Unschuldige dabei, den böse Menschen verleumdet hatten.
Doch auch Herodes musste gehorchen. Das Land Judäa war von den Römern erobert worden und gehörte zum Römischen Reich.
Der römische Kaiser Augustus war oberster Herr auch über Judäa.
Der judäische König Herodes musste die Befehle des römischen Kaisers befolgen.

In dieser Zeit geschah Wunderbares im jüdischen Land.
Gott der Herr sandte den Engel Gabriel in die Stadt Nazareth zu der Jungfrau Maria. Sie war mit dem Zimmermann Josef verlobt.
Der Engel sprach zu ihr: „Sei gegrüßt, Maria. Der Herr ist mit dir."
Sie erschrak über den Gruß.
Der Engel beruhigte sie. „Fürchte dich nicht", sagte er. „Gott hat dich auserwählt. Du wirst einen Sohn bekommen, dem sollst du den Namen Jesus geben. Er wird ein König sein und Sohn des Höchsten genannt werden."
Maria antwortete: „Ich bin die Dienerin des Herrn. Was du gesagt hast, geschehe."
Der Engel verneigte sich vor ihr und verließ sie.
So erwartete Maria das Jesuskind, das die Welt vom Bösen erretten sollte.

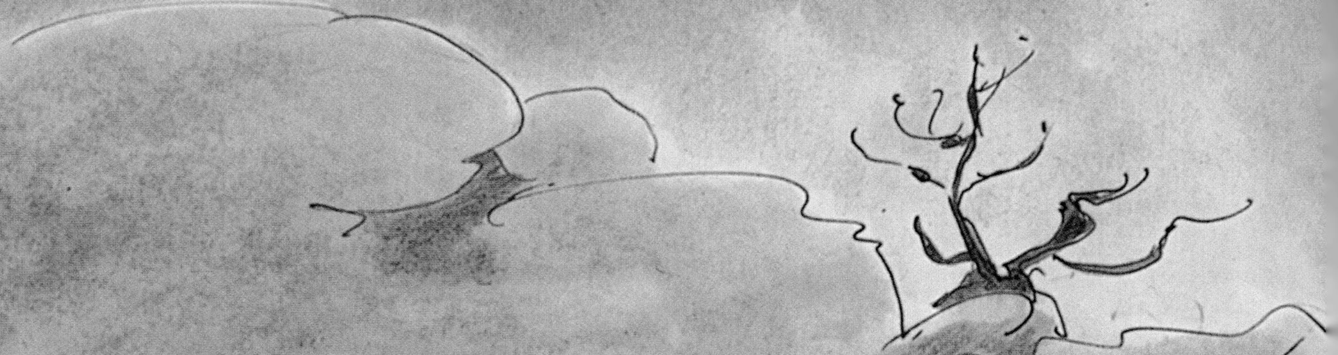

Der Stern über dem Stall

Eines Tages befahl der römische Kaiser Augustus, dass alle Judäer Steuern an Rom bezahlen sollten. Um festzustellen, wie viel Geld ihm das einbringen würde, beauftragte er den König Herodes, eine Volkszählung durchzuführen.
Herodes befahl allen Männern, mit ihren Familien in ihre Geburtsorte zurückzukehren. Dort sollten sie sich in die Volkszählungslisten eintragen lassen.
Das war umständlich, doch dem König fiel nichts Besseres ein.
Josef und Maria wohnten in Nazareth, aber Josef war in Bethlehem geboren. Also musste er mit Maria, die seine Frau geworden war, in das weit entfernte Bethlehem reisen, um sich dort eintragen zu lassen.
Für Maria wurde die Reise besonders beschwerlich, denn schon bald sollte sie dem Jesuskind das Leben schenken. Sie saß auf einem Maultier und schwieg die meiste Zeit.
Behutsam führte Josef das Muli am Zügel. Der Weg über die Berge war mühsam. Die Reise dauerte mehrere Tage.
Als sie endlich nach Bethlehem kamen, fanden sie keine Unterkunft. Die Herberge und alle Häuser waren voll belegt.
Vor Maria und Josef hatten sich viele andere Leute eingefunden, um sich hier in die Volkszählungslisten eintragen zu lassen.
Maria fühlte, dass ihre Zeit gekommen war.
Verzweifelt suchte Josef eine Bleibe für die Nacht.
Eine barmherzige Frau zeigte ihm einen Stall außerhalb des Städtchens.

Dort brachte Maria das Jesuskind zur Welt. Sie wickelte es in Windeln und legte es in eine Futterkrippe.
Da erstrahlte ein Stern über dem Stall, so leuchtend hell, wie noch kein Stern zuvor gestrahlt hatte.
Zur selben Zeit bewachten Hirten auf den Wiesen um Bethlehem herum ihre Schafherden. Da erschien ihnen ein Engel in himmlischem Glanz, und sie erschraken vor ihm.
Der Engel sprach zu ihnen: „Fürchtet euch nicht. Ich verkünde euch eine frohe Botschaft. Heute wurde in Bethlehem der Erlöser geboren. Ihr werdet ihn als Kind finden, das in einer Krippe liegt."
Der himmlische Glanz wurde zum blendenden Licht, das die Nacht zum Tag erhellte. Eine Schar von Engeln erschien, und sie sangen:
„Ehre sei Gott in der Höhe
und Friede den Menschen auf Erden!"
Die Hirten hielten den Atem an. Selbst die Schafe blieben still.
Dann verstummte der Gesang, und das himmlische Licht erlosch.
Nur der Stern leuchtete weiterhin über dem Stall. Da sagten die Hirten: „Lasst uns nach Bethlehem gehen und sehen, was dort geschehen ist."
Der Stern wies ihnen den Weg.
Sie fanden Maria und Josef und sahen das Kind in der Krippe. Da knieten sie nieder und beteten zu ihm.
Am nächsten Morgen erzählten sie Freunden und Bekannten, was sie erlebt hatten, und alle wunderten sich darüber.

Die Weisen aus dem Morgenland

Im Morgenland – das ist weit drüben im Osten – lebten drei weise Männer. Sie waren Sterndeuter, die aus dem Lauf der Gestirne das Schicksal der Menschen lasen.
In ein und derselben Nacht sahen sie – obwohl sie weit voneinander entfernt wohnten – einen besonders hellen Stern am Himmel. Sie erkannten ihn als den „Königsstern", der die Geburt eines mächtigen Herrschers anzeigte – vielleicht sogar die Geburt des Erlösers der Welt!
Da setzten sie sich auf ihre Kamele und ritten in die Richtung, die der Stern ihnen wies. Sie wollten das Königskind besuchen und ihm Geschenke bringen.
Nahe der Stadt Jerusalem führte der Stern die drei Weisen zusammen. Dann entschwand er ihren Blicken.
„In Jerusalem wohnt König Herodes", sagten sie zueinander. „Bestimmt wurde das Königskind in seinem Palast geboren."
Sie ließen sich zu Herodes bringen, verneigten sich vor ihm und fragten: „Wo ist der neugeborene König der Juden? Wir haben seinen Stern gesehen und sind gekommen, um das Kind zu verehren. Wir glauben, dass es der Erlöser ist, auf den so viele Menschen warten."
Herodes erschrak. Er wusste nichts von einem neugeborenen König. Herrscher über Judäa war er, Herodes, allein. Zwar musste er dem römischen Kaiser Augustus gehorchen, doch war er König. Das wollte er noch viele Jahre lang bleiben.

Das Kind könnte mich eines Tages vom Thron stürzen, überlegte er hastig. Das darf nicht geschehen!
„Ruht euch ein wenig aus“, sagte er zu den Weisen. „Ich lasse euch Speise und Trank bringen. Inzwischen werde ich mich erkundigen, wo ihr das Kindlein finden könnt.“
„Ist es denn nicht in deinem Palast?“, fragten die Weisen verwundert.
„Nein“, antwortete Herodes und tat betrübt. „Ich habe keinen kleinen Sohn.“
Die Weisen setzten sich zu Tisch.
Der König befahl die berühmtesten Schriftgelehrten zu sich und fragte sie, wo dieser Erlöser geboren sein könnte. Sie antworteten ihm: „Zu Bethlehem im jüdischen Land. So steht es in der Heiligen Schrift geschrieben.“
Da ging Herodes zu den drei Weisen zurück und sagte: „Zieht nach Bethlehem und sucht dort nach dem Kinde. Wenn ihr es gefunden habt, lasst es mich wissen, damit auch ich hingehe und es verehre.“
Die Weisen verließen Jerusalem – und sahen den Stern wieder. Frohen Herzens folgten sie ihm. Über dem Stall stand er still. Sie fanden Maria, Josef und das Kind und wussten, dass es der Erlöser war. Da fielen sie vor ihm auf die Knie.
Dann schenkten sie ihm Gold, Weihrauch und Myrrhe.

Die Flucht nach Ägypten

Zu Herodes kehrten die drei Weisen nicht zurück.
Gott der Herr hatte ihnen im Traum befohlen,
dem König aus dem Weg zu gehen.
Auch Josef erhielt eine Botschaft von Gott dem Herrn.
Im Traum erschien ihm ein Engel. „Steh auf, Josef", befahl er,
„und flieh mit dem Kind und seiner Mutter nach Ägypten.
Beeile dich, denn Herodes will das Kindlein töten."
Noch in derselben Nacht brach Josef mit Maria und dem
Jesuskind zur Flucht nach Ägypten auf.
König Herodes tobte, als er sich von den drei Weisen getäuscht
sah; doch vergebens sandte er Verfolger aus.
Gottes Engel beschützte Josef, Maria und das Kind und verbarg
sie vor den Augen der Feinde ...

Als Herodes gestorben war, erschien der Engel dem
Josef wieder und erlaubte ihm, mit Maria und dem
Jesusknaben in die Heimat zurückzukehren.
Sie zogen nach Nazareth.
Dort verbrachte Jesus seine Kindheit und seine Jugendjahre.

Jesus in Galiläa

Die Taufe im Jordan

Dreißig Jahre waren seit der Geburt des Jesuskindes vergangen. Weiterhin stöhnte das Volk Israel unter römischer Herrschaft. Immer ungeduldiger sehnte es den Erlöser herbei.
Da hieß es, dass ein gewisser Johannes am Jordanufer predige. Er sei ein Prophet und wohne in einer Felsenhöhle am Fluss. Er trage ein Gewand aus Kamelhaar, nähre sich von Heuschrecken und wildem Honig und trinke Wasser aus Wüstenbrunnen. Das wäre nicht weiter seltsam gewesen. Solche Leute gab es viele in dieser Zeit.
Doch von diesem Johannes hieß es, dass er das Reich Gottes ankündige. Das konnte doch nur bedeuten, dass Gott der Herr endlich den Messias senden werde, den Befreier von der Herrschaft der Römer!
Pilgerscharen strömten zum Jordanfluss.
„Gottes Reich ist nahe!", rief Johannes ihnen zu. „Lasst euch taufen, damit das Wasser des Jordans das Böse von euch abwasche und euch würdig mache, in das Reich Gottes einzugehen!"
Er taufte die Pilger mit Jordanwasser.

„Was sollen wir tun, um würdig zu bleiben?“, fragten ihn die Getauften.
Johannes antwortete ihnen: „Wer von euch zwei Mäntel hat, gebe einen davon jenem, der keinen besitzt. Wer genug zu essen hat, gebe jenen, die Hunger leiden.“

„Wer bist du?“, fragten ihn andere. „Bist du der Erlöser?“

„Ich bin ein Mann, der in der Wüste ruft“, sagte Johannes. „Der Erlöser bin ich nicht. Er wird kommen und mächtiger sein als ich. Er wird nicht mit Wasser taufen, sondern mit dem Heiligen Geist, der aus Gott dem Herrn kommt. Ich bereite ihm nur den Weg.“
Auch Jesus von Nazareth kam, um sich taufen zu lassen.
Johannes verneigte sich vor ihm und sagte: „Wieso kommst du zu mir? Ich bin unwürdig vor dir. Du solltest mich taufen, nicht ich dich.“
„Taufe mich“, bat Jesus. „Es ist der Wille Gottes des Vaters.“
„Dann will ich es tun“, sagte Johannes und taufte ihn.
Als Jesus aus dem Wasser des Jordans stieg, öffnete sich der Himmel. Der Geist Gottes schwebte in Gestalt einer Taube herab, und Gottes Stimme rief: „Dies ist mein geliebter Sohn, an dem ich Wohlgefallen habe.“

Die Hochzeit zu Kana

Nach der Taufe im Jordan ging Jesus nach Galiläa zurück, in das Land, in dem er aufgewachsen war.
Wenige Tage nach der Rückkehr wurden er, seine Freunde und seine Mutter Maria zu einer Hochzeit in das Städtchen Kana eingeladen.
Da ging der Wein zu Ende. Es waren mehr Gäste als erwartet gekommen, und die Familien des Brautpaares waren zu arm, um neuen Wein zu kaufen.
„Sie haben keinen Wein mehr", sagte Maria zu ihrem Sohn.
„Meine Stunde ist noch nicht gekommen", antwortete Jesus geheimnisvoll, doch Maria hörte das Mitleid in seiner Stimme.
„Tut, was er euch sagt", flüsterte sie den Dienern zu.
Jesus wies auf sechs große steinerne Krüge und befahl, sie mit Wasser zu füllen.
Die Diener gehorchten.
„Schöpft einen Becher daraus und bringt ihn zum Speisemeister", befahl Jesus weiter.
Die Diener taten es.
Der Speisemeister – das war der Mann, der alles kostete, bevor es den Gästen serviert wurde – der Speisemeister also trank aus dem Becher, verdrehte die Augen, schnalzte mit der Zunge und rief dem Bräutigam zu: „Warum gibst du uns den besten Wein zuletzt?! Einen so herrlichen Tropfen wie diesen habe ich noch nie getrunken!"
Jesus hatte das Wasser in Wein verwandelt. Die Kunde von diesem Wunder verbreitete sich über ganz Galiläa und darüber hinaus.

Einige Zeit später begab sich Jesus in die Stadt Kapernaum am See Genezareth. Dort traf er die Fischer Simon und Andreas. Sie waren schlecht gelaunt, denn sie hatten lange gefischt und kaum etwas gefangen.
„Fahrt noch einmal auf den See und werft das Netz aus“, sagte Jesus. Er sagte es so bestimmt, dass sie gehorchten. Dann fingen sie so viele Fische, dass ihr Netz zu zerreißen drohte.
„Du hast ein Wunder getan, Herr“, sagten Simon und Andreas und warfen sich vor Jesus auf die Knie.
Er hob sie auf und sprach zu ihnen: „Folgt mir. Ich will euch zu Menschenfischern machen.“
Sie verließen ihre Schiffe und gingen mit ihm.

(Nach Simon, den wir besser unter dem Namen Petrus kennen, und seinem Bruder Andreas folgten Jesus noch zehn andere Männer. Jesus nannte sie seine Jünger. Wir kennen sie als „die zwölf Apostel“. Die bekanntesten nach Petrus sind Matthäus, Markus, Lukas und Johannes. Sie schrieben die Geschichte Jesu Christi auf, „die vier Evangelien“. Deshalb nennen wir Matthäus, Markus, Lukas und Johannes „die vier Evangelisten“.)

Der Hauptmann von Kapernaum

Mit seinen Jüngern zog Jesus durch Galiläa. Er predigte dem Volk vom himmlischen Reich seines Vaters. Er ermahnte alle, die ihm zuhörten, Gottes Gebote zu beachten und Gutes zu tun. Er lehrte sie beten und tat Wunder.
In Kapernaum heilte er Kranke, indem er ihnen die Hände auflegte. Er tröstete Leute, die Kummer hatten.
In der Stadt Kapernaum lagerten römische Soldaten. Sie passten auf, dass sich die Galiläer nicht gegen die römische Herrschaft erhoben. Ein Hauptmann kommandierte sie. Er war gerecht und wollte den Frieden. Obwohl er an heidnische Götter glaubte, ließ er den Juden ein Bethaus bauen.
Nun war sein Diener krank geworden, und kein Arzt konnte ihn heilen. Der Hauptmann hing sehr an seinem Diener, denn dieser hatte ihm einst das Leben gerettet.
Als der Hauptmann von dem Wundertäter Jesus hörte, ging er zu ihm und sagte: „Herr, mein Diener ist krank und leidet große Schmerzen."
„Führe mich zu ihm", sagte Jesus.
Da verneigte sich der Hauptmann und sprach demütig: „Herr, ich bin ein sündiger Mensch und nicht wert, dass du in mein Haus kommst. Sprich nur ein Wort, und mein Diener wird gesund."
„Wahrlich, einen solchen Glauben habe ich in Israel noch nicht gefunden", sagte Jesus zu den Leuten, die dabei waren. Und zum Hauptmann sagte er: „Dein Glaube hat dir geholfen." Als der Hauptmann nach Hause kam, war sein Diener gesund.

Die Bergpredigt

Auch das Wunder, das Jesus an dem Diener des Hauptmanns gewirkt hatte, sprach sich schnell herum. Viele Männer, Frauen und Kinder kamen, um den Wundertäter zu sehen und ihm zuzuhören.
Sie lagerten am Fuße eines Berges, und Jesus sprach zu ihnen:
„Selig sind die Bescheidenen vor Gott dem Herrn, denn ihnen gehört das Himmelreich.
Selig sind alle, die Trauer und Leid ertragen, denn sie werden getröstet werden.
Selig sind die Gütigen, denn sie werden die Erde beherrschen.
Selig sind die Gerechten, denn sie werden gerecht behandelt werden.
Selig sind die Barmherzigen, denn sie werden mit Barmherzigkeit belohnt werden.
Selig sind die Menschen mit reinem Herzen, denn sie werden zu Gott kommen.
Selig sind die Friedlichen, denn sie werden Gottes Kinder genannt werden.
Selig sind jene, die ungerecht verfolgt werden, denn das Himmelreich steht ihnen offen."

Jesus redete noch lange zum Volk, beantwortete Fragen und gab gute Ratschläge.
Gegen Abend verfinsterte sich der Himmel. Ein Unwetter zog auf.
„Wir müssen so schnell wie möglich zum anderen Seeufer hinüber", sagte Simon Petrus.
Jesus bestieg mit seinen Jüngern und anderen Freunden das letzte Schiff.
Als sie die Mitte des Sees erreichten, brach der Sturm los.
Haushohe Wellen warfen das Schiff hin und her.
Und Jesus schlief!
Seine Jünger weckten ihn. „Hilf uns, Herr!", riefen sie beschwörend. „Wir ertrinken!"
„Warum fürchtet ihr euch?", fragte Jesus. „Ist euer Glaube so klein geworden?"
Er erhob sich, streckte seine Hände gegen den Sturm aus und befahl: „Hör auf zu wüten!"
Das Unwetter ließ nach. Die Wellen glätteten sich, und die Sterne schienen vom wolkenlosen Himmel.
Alle Leute auf dem Schiff verneigten sich vor Jesus, dem selbst der Sturm gehorchte.

Fünf Gerstenbrote und zwei Fische

Einst hatten sich viele Menschen um Jesus versammelt.
Die Bibel erzählt, dass es fünftausend gewesen seien. Sie lagerten am Fuße eines Berges und lauschten den Worten des Meisters.
Gegen Abend mahnte ein Jünger: „Bald wird es dunkel sein. Lassen wir die Leute in die Dörfer gehen, damit sie Speisen und Getränke kaufen!“
„Gebt ihnen doch zu essen“, sagte Jesus.
Der Jünger schüttelte den Kopf. „Das ist nicht möglich. Da ist nur ein Knabe, der fünf Gerstenbrote und zwei Fische mitgebracht hat. Aber was ist das für so viele?“

Jesus ließ den Knaben zu sich kommen. Er nahm die Brote und die Fische, blickte zum Himmel hinauf, betete, brach die Brote und gab sie den Jüngern.
Diese reichten sie an die Männer, Frauen und Kinder weiter, die sich gelagert hatten.
Auch die Fische ließ Jesus verteilen.
Und siehe da: Alle bekamen zu essen, und jeder wurde satt.
Als die Jünger die Reste einsammelten, damit nichts verderbe, füllten sie einige Körbe damit.
Die Zeugen dieses Wunders lobten Gott den Herrn; und von Jesus sagten sie: „Diesen hat uns der Himmel gesandt.“

Als sich das Volk verlaufen hatte, trat Simon Petrus zu Jesus und bat ihn: „Herr, lehre uns beten.“ „So höret“, sagte Jesus, hob die Hände und sprach:

„Unser Vater im Himmel,
geheiligt werde dein Name.
Dein Reich komme.
Dein Wille geschehe,
wie im Himmel,
so auf Erden.
Unser tägliches Brot gib uns heute
und vergib uns unsere Schuld,
wie auch wir vergeben unseren Schuldigern.
Und führe uns nicht in Versuchung,
sondern erlöse uns von dem Bösen.
Denn dein ist das Reich
und die Kraft
und die Herrlichkeit
in Ewigkeit.
Amen.“

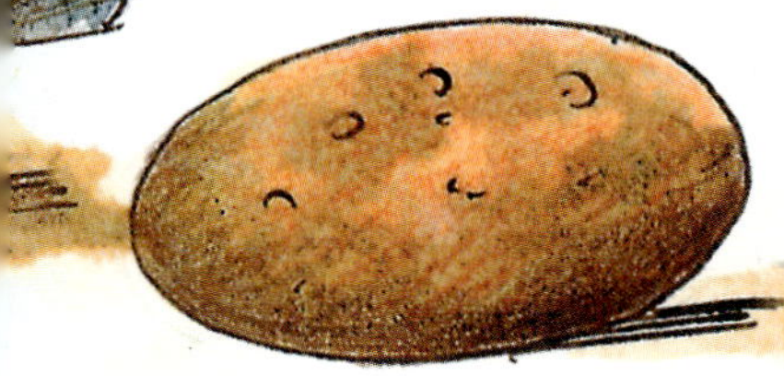

Der barmherzige Samariter

Immer mehr Leute kamen zu Jesus; die einen, weil sie geheilt werden wollten, andere, um sein Wort zu hören.
Aber Jesus zog auch Argwohn und Neid auf sich. Pharisäer und Schriftgelehrte, die die Heiligen Schriften streng befolgten, fürchteten, dass Jesus vom Glauben der Väter abweiche.
Um Jesus auf die Probe zu stellen, richtete ein Schriftgelehrter an Jesus die Frage: „Was muss ich tun, um in das Himmelreich einzugehen?"
„Was steht in der Heiligen Schrift?", fragte ihn Jesus.
Der Mann antwortete: „Du sollst Gott den Herrn von ganzem Herzen lieben – und deinen Nächsten wie dich selbst."
Dann aber fragte er: „Wer ist mein Nächster?"
Da erzählte ihm Jesus eine Geschichte: „Ein Judäer ging von Jerusalem nach Jericho. Unterwegs wurde er von Räubern überfallen, die ihn halb tot liegen ließen. Da kam ein Priester vorbei, sah den Verletzten und eilte weiter. Dann kam ein Tempeldiener, sah den Verletzten und eilte ebenfalls weiter. Es folgte ein Samariter, ein Mann jenes Volkes, mit dem die Judäer in Unfrieden leben. Der Samariter hatte Mitleid mit dem Verletzten. Er verband seine Wunden, gab ihm zu trinken, brachte ihn auf seinem Maultier zu einer Herberge und bezahlte den Wirt, damit er den Verwundeten gesundpflege."
Jesus sah den Schriftgelehrten an und fragte: „Wer von den dreien hat sich dem Judäer als Nächster gezeigt?"
„Der Barmherzige", antwortete der Schriftgelehrte.
„So ist es", sagte Jesus. „Tu es ihm nach."

Du bist Christus

Drei Jahre wanderten Jesus und seine Jünger durch das Land. Jesus predigte von der ewigen Seligkeit, die alle erwarte, die Buße für ihre Sünden und Gutes den Nächsten tun.
Er heilte Taube, Lahme und Aussätzige. Er machte Blinde sehend und gab einem Stummen die Sprache wieder.
Sein Ruf verbreitete sich mit Windeseile. Wohin er kam, strömten ihm Leute zu.
Besonders gut verstand er sich mit Kindern. Als die Jünger einmal laute Knaben und Mädchen von ihm fernhalten wollten, sagte er: „Lasst die Kinder zu mir kommen, denn ihnen gehört das Himmelreich."
Immer zorniger wurden die Neider auf ihn.
Eines Tages fragte er seine Jünger: „Für wen halten mich die Leute?"
Sie antworteten: „Einige sagen, du wärst Johannes der Täufer. Andere halten dich für Mose, wieder andere für den Propheten Elia oder einen neuen Propheten."
„Für wen haltet ihr mich?" fragte Jesus.
Simon Petrus antwortete für alle: „Du bist Christus der Erlöser, der Sohn des lebendigen Gottes."
Jesus sprach zu ihm: „Nicht dein Verstand hat dir das offenbart, Simon, sondern mein Vater, der im Himmel ist. Ich aber sage dir: Du bist Petrus, das heißt ‚der Fels'. Auf diesen Felsen will ich meine Kirche bauen, und die Pforten der Hölle sollen sie nicht überwältigen. Dir will ich die Schlüssel des Himmelreichs geben. Was du auf Erden bindest, das soll auch im Himmel gebunden sein. Was du auf Erden lösest, wird auch im Himmel gelöst sein."

Kurze Zeit später ging Jesus mit Simon Petrus, Jakobus und Johannes in die Berge. Sie wanderten bis zum Abend.
Rasch wurde es dunkel.
Übermüdet lehnten sich die Jünger an eine Felswand.
Jesus betete – und die drei erschraken. Das Gesicht ihres Meisters erstrahlte plötzlich in himmlischem Glanz, und sein Gewand leuchtete in blendendem Licht.
Mose und der Prophet Elia erschienen neben ihm und verneigten sich ehrerbietig.
„Dies ist mein lieber Sohn!", rief Gottes Stimme aus einer Wolke.
„Auf ihn sollt ihr hören!"
Simon Petrus, Jakobus und Johannes warfen sich zu Boden und hielten sich vor dem blendenden Licht die Augen zu.
Sie wagten erst aufzublicken, als Jesus sie berührte. Da war der himmlische Glanz verschwunden.
„Steht auf und fürchtet euch nicht", sagte Jesus. „Doch erzählt niemandem von dem, was ihr erlebt habt. Erst dann sprecht darüber, wenn der Verklärte von den Toten auferstanden ist."
Sie begriffen nicht, was er meinte, doch versprachen sie zu schweigen.

Jesus geht nach Jerusalem

Lazarus, komm heraus

Das Osterfest war nahe.
Die Juden nannten es „Passah“. Sie feierten es zum Gedenken an den Tag, an dem Mose das Volk Israel aus ägyptischer Knechtschaft geführt hatte.
Zum Osterfest kamen Gläubige aus nah und fern nach Jerusalem. Dort besuchten sie den Tempel, brachten Opfer dar und beteten.
„Meine Zeit ist gekommen“, sagte Jesus zu den Jüngern. „Lasst uns nach Jerusalem gehen.“
Sie verstanden nicht, was er meinte, und einer fragte: „Wieso sagst du, dass deine Zeit gekommen ist?“
Jesus antwortete: „Der Hohepriester und der Hohe Rat der Schriftgelehrten und Pharisäer fordern meinen Tod und werden mich den Römern ausliefern. Der Statthalter wird mich verurteilen, aber ich werde den Tod besiegen.“
Das begriffen die Jünger erst recht nicht, doch trauten sie sich nicht weiterzufragen. Jesus sah seltsam abwesend aus; so, als sehe er in eine andere Welt.
Sie kamen in das Dorf Bethanien, das am Weg nach Jerusalem lag. Dort wohnten die Schwestern Maria und Martha mit ihrem Bruder Lazarus. Jesus kannte sie gut, sie waren seine Freunde.

Doch jetzt empfing ihn großer Jammer. Lazarus war gestorben.
Nun lag er schon vier Tage im Grabe.
Maria und Martha waren untröstlich.
Jesus bat sie, ihn zum Grab zu führen. Neugierige folgten ihnen.
Das Grab war eine von einem Stein verschlossene Felshöhle.
„Wälzt den Stein weg", befahl Jesus.
Zwei Männer taten es.
Jesus hob die Hände zum Himmel und betete stumm. Dann rief er in die Höhle: „Lazarus, komm heraus!"
Die Leute hielten den Atem an.
Da trat der Tote aus dem Grab. Er ging mit kleinen Schritten, denn sein ganzer Körper war mit Leinenbinden umwickelt, sein Gesicht mit einem Tuch verhüllt.
„Nehmt ihm die Tücher ab", sagte Jesus.
Es geschah.
Lazarus war frisch und gesund. Als er die vielen Menschen sah, glaubte er, aus einem Traum zu erwachen.
Einer der Neugierigen sprach aus, was viele dachten: „Dieser Jesus ist wahrlich von Gott gesandt."
„Selbst der Tod gehorcht ihm", murmelte ein anderer und verneigte sich tief.

Gelobt sei, der da kommt

Auf einem jungen Esel, den Freunde ihm geschenkt hatten, ritt Jesus in Jerusalem ein.
Die Kunde von seiner Ankunft hatte sich schnell herumgesprochen. Eine große Volksmenge lief vor das Stadttor, um den Gottgesandten zu begrüßen, der so viele Wunder vollbracht hatte. Männer, Frauen und Kinder jubelten ihm zu. Sie legten Palmzweige auf seinen Weg und riefen: „Gelobt sei, der da kommt im Namen des Herrn!"
Jesus segnete sie.
Er ritt auf den Tempelberg und ging in den Tempel.
Dort war Lärm. In einer Vorhalle hatten Geldwechsler ihre Tische aufgestellt, und Händler boten Opfertiere zum Kauf an. Zicklein und Lämmer zerrten an Stricken und blökten, Tauben flatterten in engen Käfigen.
Die Wechsler und Händler riefen nach Kunden. Sie schimpften und fluchten, wenn sich Tiere losrissen und Käufer die Preise herunterzuhandeln versuchten.
In heiligem Zorn machte Jesus dem Treiben ein Ende. Mit einer Geißel aus Stricken jagte er die Geschäftemacher davon, stieß die Tische der Geldwechsler um und ließ die Tiere frei.

„Der Tempel meines Vaters ist ein Bethaus!", rief er mit lauter Stimme. „Ihr habt ihn zur Räuberhöhle gemacht!"
Nun waren auch Händler und Wechsler seine Feinde geworden. Sie beschwerten sich beim Hohen Rat, der die Aufsicht über den Tempel ausübte.
„Das Volk jubelt diesem Jesus zu", sagte ein Ratsherr. „Er schadet unserem Ansehen und könnte uns gefährlich werden. Wir sollten ihn festnehmen und für immer verschwinden lassen."
„Wenn er am Tag festgenommen wird, gibt es einen Aufstand", warnte ein anderer. „Dann würden die Römer eingreifen und uns noch mehr unterdrücken als bisher."
„Lasst uns überlegen, was wir tun sollen", sagte der Hohepriester.
Sie überlegten lange.
Und ein Verräter half ihnen.
Judas Ischariot, einer von Jesu Jüngern, kam heimlich zu ihnen und sagte: „Ich könnte euch verraten, wann und wo ihr Jesus von Nazareth festnehmen könnt, ohne dass ihm seine Anhänger zu Hilfe kommen. Was bezahlt ihr mir dafür?"
Sie boten ihm dreißig Silberlinge.
Judas nahm sie.

Jesus besiegt den Tod

Das letzte Abendmahl

Am Donnerstag vor dem Osterfest (das die Juden Passah nannten) saß Jesus mit den zwölf Jüngern beim Abendmahl zusammen. Ein Freund aus Jerusalem hatte sie in seinem Hause aufgenommen.
Der Tisch war gedeckt mit den Speisen und Getränken, die die Israeliten am Abend vor ihrem Auszug nach Ägypten gegessen und getrunken hatten: ungesäuertes Brot und Wein, bittere Kräuter, Nüsse, Feigen, getrocknete Trauben, Essig und Salz.
Nur das Osterlamm fehlte.
Jesus war so betrübt, wie ihn die Jünger noch nie gesehen hatten.
„Was quält dich, Meister?", fragte Simon Petrus.
Jesus antwortete: „Einer von euch wird mich verraten."
Da erschraken die Jünger und fragten „Wer ist es, Herr?"
Jesus sagte: „Der ist es, dem ich den Bissen geben werde."
Er nahm ein Stückchen Brot, reichte es Judas Ischariot und sprach zu ihm: „Was du tun willst, das tue bald."
Judas eilte in die Dunkelheit hinaus.
Als der Verräter gegangen war, nahm Jesus das Brot, segnete und brach es. Dann gab er es den Jüngern und sprach: „Nehmt es und esset alle davon. Das ist mein Leib."

Dann nahm er den Kelch, segnete ihn, reichte ihn den Jüngern und sprach: „Trinket daraus. Das ist mein Blut, das Blut des Neuen Testaments, das für euch und für viele vergossen wird zur Vergebung der Sünden."
Er sah die Jünger der Reihe nach an und sagte: „Sooft ihr das Brot esst und aus dem Kelch trinkt, sollt ihr an mich denken."
Nach dem Mahl ging Jesus mit den Jüngern zum Ölberg, um zu beten.
Sie kamen an den Garten Gethsemane, der von einer Mauer umgeben war. Vor dem Tor sagte Jesus zu den Jüngern: „Bleibt hier zurück, während ich bete."
Nur Simon Petrus, Jakobus und Johannes durften Jesus in den Garten begleiten.
Judas war ihnen heimlich gefolgt.
Jetzt eilte er zum Hohenpriester. „Jesus ist nach Gethsemane gegangen", meldete er atemlos. „Elf Jünger begleiten ihn. Nur drei sind ihm in den Garten gefolgt."
„Wie sollen ihn meine Knechte erkennen?", fragte der Hohepriester.
„Ich führe sie", sagte Judas. „Der, den ich auf die Wange küssen werde, der ist es."

Jesus wird verurteilt

Stille war im Garten Gethsemane.

„Ich leide Todesangst“, sagte Jesus zu Simon Petrus, Jakobus und Johannes. „Wachet und betet hier mit mir.“

Er ging einige Schritte weiter, kniete nieder und flehte: „Vater im Himmel, lass mich nicht leiden.“ Dann neigte er das Haupt und sprach: „Doch nicht mein, sondern dein Wille geschehe.“

Er kehrte zu Simon Petrus, Jakobus und Johannes zurück und fand sie schlafend. „Könnt ihr nicht einmal eine kleine Weile mit mir wachen?“, fragte er vorwurfsvoll. „Wachet und betet!“

Die drei Jünger versprachen es.

Jesus warf sich zum zweiten Mal auf die Knie und flehte: „Vater im Himmel, erbarme dich meiner – doch es geschehe, was du mir bestimmt hast.“

Als er zurückkehrte, schliefen die drei Jünger erneut. Jetzt weckte er sie nicht mehr. Zum dritten Mal betete er allein.

Die Todesangst trieb ihm den Schweiß auf die Stirn.

Der Schweiß war blutrot.

Da kam ein Engel vom Himmel und tröstete den Verzweifelten.

Gefasst ging Jesus zu den Jüngern zurück und sagte: „Steht auf, der Verräter ist da.“

Fackelschein geisterte heran, Waffen klirrten. Judas Ischariot führte eine Schar bewaffneter Knechte an. Er trat auf Jesus zu.

„Ich grüße dich, Meister“, sagte er und küsste ihn auf die Wange.

Da fielen die Knechte über Jesus her, fesselten ihn und schleppten ihn fort.

Die Jünger flohen verängstigt.

Die Knechte führten Jesus als Gefangenen in den Palast des Hohenpriesters. Dort hatte sich der Hohe Rat versammelt. Pharisäer und Schriftgelehrte verhörten Jesus, doch konnten sie ihm keine Verbrechen nachweisen.

Da sagte der Hohepriester: „Die Leute behaupten, dass du Gottes Sohn seiest.“ Er erhob sich und rief: „Ich beschwöre dich! Sag uns, ob du Christus der Erlöser bist, der Sohn des Gottes unserer Väter!“ „Ich bin es“, antwortete Jesus.
„Er hat Gott gelästert!“, keuchte der Hohepriester. „Dafür verdient er den Tod!“
„Den Tod!“, riefen die anderen.
Doch nur der römische Statthalter durfte ein Todesurteil aussprechen und vollstrecken lassen.
So brachten der Hohepriester und seine Vertrauten den Gefangenen am Freitagmorgen zu Pontius Pilatus, der den römischen Kaiser vertrat.
„Was werft ihr ihm vor?“, fragte der Statthalter.
„Er hat Gott gelästert!“, riefen sie. „Er behauptet, Gottes Sohn zu sein! Dafür verdient er den Tod!“
„Aber nein“, sagte Pontius Pilatus. „Ich glaube an andere Götter als ihr. Meine Götter haben viele Söhne und Töchter. Sohn eines Gottes zu sein, ist kein Verbrechen für mich.“
Die Ankläger schnappten nach Luft.
Da sagte der Hohepriester: „Seine Anhänger halten ihn für den König der Juden.“

„Das ist schlimm“, gab Pontius Pilatus zu. „König der Juden ist der römische Kaiser und sonst niemand.“ Er wandte sich an Jesus und fragte ihn: „Bist du ein König?“
Jesus antwortete ihm: „Ich bin ein König, doch mein Reich ist nicht von dieser Welt.“
Pilatus lachte. „Ein König, dessen Reich nicht in unserer Welt liegt, kann meinem Kaiser nicht gefährlich werden“, spottete er. „Jesus ist ein Narr. Ich finde keine Schuld an ihm.“
Der Hohepriester trat dicht zu Pilatus und flüsterte ihm zu: „Wenn du diesen Gotteslästerer und Feind des Römischen Reiches nicht verurteilst, verrätst du den Kaiser! Ich habe Freunde in Rom. Sie werden dafür sorgen, dass du als Statthalter abgelöst wirst. Dafür, dass du den Staatsfeind Jesus begnadigt hast, wird dich der Kaiser wahrscheinlich hinrichten lassen. Denk nach, Pilatus, und handle klug. Sprich den Angeklagten schuldig, bevor es Aufstände in Jerusalem gibt.“
Da fürchtete sich der Statthalter Pontius Pilatus und verurteilte Jesus zum Tod am Kreuz.

Der Vorhang im Tempel zerreißt

Der Hügel Golgatha (das bedeutet „Schädelstätte“) lag vor Jerusalems Stadtmauer. Hier wurde Jesus zusammen mit zwei Räubern von römischen Kriegern gekreuzigt.
Es war Freitagvormittag (gegen neun Uhr nach unserer Zeitrechnung).
Neider und Feinde verspotteten den gekreuzigten Jesus. „Wenn du Gottes Sohn bist, dann steig herunter!“, höhnten sie. Einige spöttelten: „Anderen hat er geholfen, sich selbst kann er nicht helfen!“ Wieder andere riefen höhnisch: „Sei gegrüßt, König der Juden!“
„Vater, vergib ihnen“, sagte Jesus leise, „sie wissen nicht, was sie tun.“
Seinem Kreuz am nächsten standen Mutter Maria und der Jünger Johannes in hilflosem Schmerz.
Jesus sprach zu seiner Mutter vom Kreuz herab: „Siehe, das ist dein Sohn“, und zu Johannes: „Siehe, das ist deine Mutter.“ (Von da an nahm Johannes die Mutter Jesu zu sich.)
Quälend langsam schlich die Zeit dahin.
Am Nachmittag (gegen fünfzehn Uhr) blickte Jesus zum Himmel hinauf und rief mit lauter Stimme: „Vater, in deine Hände gebe ich meine Seele!“
Dann starb er.
Da verfinsterte sich der Himmel. Die Erde bebte. Mauern stürzten ein. Blitze zuckten vom Himmel, und der Vorhang im Tempel zerriss.

Jerusalem fiel in Angst und Schrecken.
„Wahrlich, dieser war Gottes Sohn!“, rief der römische Hauptmann, der unter dem Kreuz Christi stand.

Der reiche Josef von Arimathia, ein Bewunderer Jesu, ging zu Pilatus und bat ihn, den Gekreuzigten bestatten zu dürfen. Der Statthalter erlaubte es.
Josef und sein Freund Nikodemus ließen den Leichnam vom Kreuz abnehmen, salben und in Leinentücher binden.
Dann legten sie ihn in das Felsengrab, das Josef für sich hatte anlegen lassen. Es lag in einem Garten in der Nähe von Golgatha. Sie wälzten einen großen Stein vor die Grabhöhle und verließen das Grab in stiller Trauer.
Auch der Hohepriester und einige Schriftgelehrte eilten zu Pilatus. „Dieser Jesus hat behauptet, dass er am dritten Tag nach seinem Tod auferstehen werde“, sagten sie. „Dass das unmöglich ist, wissen wir. Dennoch sorgen wir uns.“
„Was wollt ihr?“, fragte der Statthalter.
„Erlaube uns, eine Wache vor das Grab zu stellen“, bat der Hohepriester. „Die Jünger des Gekreuzigten könnten den Leichnam stehlen und dann behaupten, dass Jesus auferstanden sei.“ Pilatus gestattete ihnen, eine Wache aufzustellen. Noch am selben Abend zogen bewaffnete Tempelknechte als Wachposten vor dem Felsengrab auf.

Auferstehung und Himmelfahrt

Von dem, was am Ostersonntag (am dritten Tag nach der Kreuzigung) geschah, erzählt die Bibel:
„Und siehe, da war am Morgen ein großes Erdbeben. Ein Engel des Herrn kam vom Himmel und wälzte den Stein vom Grabe. Sein Gewand war weiß wie Schnee, und sein Antlitz leuchtete wie der Blitz. Aus Furcht vor ihm stürzten die Wächter zu Boden und lagen wie tot."
Zur selben Zeit gingen drei Frauen, die Jesus betrauerten, zum Grab hinaus, um den Leib des Gekreuzigten zu salben. Das war ein frommer Brauch.
„Wer wird uns den Stein wegwälzen?", sagten sie zueinander. „Wir sind zu schwach dazu."
Als sie zum Grabe kamen, war der Stein beiseite gerollt. Sie gingen in die Höhle und erschraken. Die Grabstätte war leer. Daneben saß ein Engel in weißem Gewand.
Er sagte: „Fürchtet euch nicht. Ihr sucht Jesus von Nazareth, den Gekreuzigten. Er ist auferstanden. Sagt es Simon Petrus und den anderen Jüngern."
In freudigem Schreck eilten die Frauen nach Jerusalem zurück.
Von den Tempelknechten, die das Grab bewacht hatten, berichtet die Bibel:
„Sie waren in die Stadt gelaufen und meldeten dem Hohenpriester, was geschehen war. Der Hohepriester beriet mit dem Hohen Rat. Dann gab er den Wächtern Geld und befahl ihnen: ‚Sagt den Leuten, dass ihr geschlafen hättet. Da seien Jünger gekommen und hätten den Leichnam gestohlen.'"
Die Wächter nahmen das Geld und erzählten, was ihnen befohlen war.

In den nächsten vierzig Tagen erschien der auferstandene Jesus seinen Jüngern, den frommen Frauen und seinen Freunden in dem Dorf Emmaus, in der Stadt Jerusalem und am See Genezareth. Er zeigte ihnen die Wundmale der Kreuzigung, brach mit ihnen das Brot und sprach zu ihnen.
Am vierzigsten Tag traf er mit den Jüngern auf einem Berg in Galiläa zusammen.
Er segnete sie und sprach: „Geht in die Welt hinaus, taufet die Völker im Namen des Vaters, des Sohnes und des Heiligen Geistes und lehrt sie halten, was ich euch geboten habe. Fürchtet euch nicht; denn ich bin bei euch alle Tage bis an das Ende der Welt."
Noch während er sprach, wurde er zum Himmel aufgehoben, und eine Wolke entzog ihn den Blicken der Jünger.
Sie kehrten nach Jerusalem zurück und taten, was er ihnen aufgetragen hatte.

Apostel und Missionare verkündeten alsbald die Lehre des Auferstandenen in aller Welt.
Schon in alter Zeit wurden jene, die an Jesus Christus glaubten, „Christen" genannt.
Heute gibt es viele Millionen Christen auf der ganzen Erde.

Gesamtherstellung: Schwager & Steinlein Verlag GmbH
www. schwager-steinlein-verlag.de

Art.-Nr. 11755
ISBN 3-89600-755-6